ちくま新書

すべてはタモリ、たけし、さんまから始まった

1586

太田省一
Ota Shoichi

すべてはタモリ、たけし、さんまから始まった【目次】

第3章 『M-1グランプリ』と「お笑いビッグ3」 159

第4章　笑いの新たな潮流　207

序章

笑いは世界の中心に

——なぜいま、タモリ、たけし、さんまなのか?

2018年に起きた〝事件〟

毎年、雑誌『日経エンタテインメント!』が実施しているアンケート調査がある。〝一番好きな芸人〟と〝一番嫌いな芸人〟を尋ねるもので、その結果はたびたびニュースにもなるので、調査の存在を知っているひともいるだろう。

その中で、とりわけ大きなニュースとなったのが、2018年に発表された調査結果だった。前年の「好きな芸人」ランキングで1位だった明石家さんまが2位となり、代わってサンドウィッチマンが1位になったのである。

それだけであれば、大騒ぎするほどのことでもないと思うかもしれない。しかし実は、明石家さんまが「好きな芸人」1位の座から転落したのは、2002年の調査開始以来初のことだった。それまで14回連続でさんまはトップをキープ。それが2018年に初めてその座を譲ったのである。

ここで改めて驚くのは、明石家さんまという芸人の息の長さである。

詳しくは次章で述べるが、さんまが世に知られ始めたのは1970年代後半のこと。吉本興業所属の若手芸人のひとりとして、関西のバラエティ番組『ヤングおー!おー!』(毎日放送)などに出演してアイドル的人気を博した。その後、東京に進出し、80年代前半のフジテレビ『オレたちひょうきん族』「タケちゃんマン」のコーナーで演じたブラックデビル役などをきっかけに全国区の人気者になっていく。その後、数々の冠バラエティ番組を持ち、いつも変わらぬ軽妙なトークでお笑いの世界をリードしてきた。さんまは1955年生まれ。すでに60代半ばだが、現在もバリバリの現役だ。

まったく衰える様子のないそんな活躍ぶりに「お笑い怪獣」とまで称されるようになっていたさんまが、「好きな芸人」1位の座を明け渡したのである。それはまさに、〝事件〟と呼ぶにふさわしい出来事であった。

「お笑いビッグ3」誕生の瞬間

だがそれにしても、さんまはなぜ、これほどの長きにわたって人気を保つことができたのだろうか?

もちろん、明石家さんまという芸人の並外れた力量はあるだろう。しかし、そこにはやはり、時代が味方した面もあった。さんまが頭角を現し、一躍人気者になった1970年代後半から80年代にかけての日本社会は、笑いを単なる息抜きではなく、生活するうえで最も重要なコミュニケーション・ツールととらえるようになった。笑いはコミュニケーション全般の中心になったのである。それはまさに、社会の大転換だった。

そんな「笑う社会」と化した日本社会を象徴する存在になったのが、タモリ、ビートたけし、そして明石家さんまの「お笑いビッグ3」である。タモリとたけしも、さんまとほぼ同時期に人気者になり、現在も第一線で活躍する点でまったく同じだ。したがって2人の活躍もまた、さんまに劣らず息が長い。

「お笑いビッグ3」(以下、「ビッグ3」と表記)の誕生は、ある番組での共演がきっかけとなっている。

1987年にフジテレビの『FNS27時間テレビ』(以下、『27時間テレビ』と表記)がスタートした。今もこの番組は続いているが(2020、21年はコロナにより中止)、これは『27時間テレビ』に先んじて78年に始まった日本テレビの『24時間テレビ「愛は地球を救う」』(以下、『24時間テレビ』と表記)に対抗したものだった。チャリティを目的とする『24時間テレビ』が真面目で感動的なつくりであったのに対し、『27時間テレビ』は、とにかく笑いで長時間の生放送を埋め尽くそうとした。眠らずに笑い続ける。それはまさに「笑う社会」のマニフェストと言い得るものであった。

その第1回の総合司会を務めたのが、タモリと明石家さんまである。すでに2人は1982年にスタートしたフジテレビの『森田一義アワー 笑っていいとも!』(以下、『いいとも』と表記)で共演し、息の合った丁々発止のやり取りを毎週繰り広げていた。

だがそこに、ビートたけしの姿はなかった。前年末、自身に関する写真週刊誌『フライデー』の記事が原因で「フライデー襲撃事件」を起こし、謹慎していたからである。けれども、7カ月の謹慎期間を経て、この『27時間テレビ』で生放送に復帰することが報じられていた。当然、世間の関心はいやがうえにも高まった。

たけしが出演したのは、タモリ、さんまとの深夜のトークコーナーであった。セットのソファーにタモリとさんまが座っているところに、たけしが「イヤ、イヤ、イヤ」とちょっと照れ臭そうに登場、そこから3人のフリートークが始まった。

話は自ずと、たけしの謹慎期間中のことになった。例えば、日焼けした顔をツッコまれ、ずっとゴルフ三昧だったことが露顕すると、たけしは「だめだよ、ずっと家で読書してることになってるんだから」と返す。そうかと思うと、当時たけしが経営していたカレーショップで5歳以下の子どもは無料だという、ちょっといい話になりかけると、今度はたけしが、子どもが来たら「張り倒して店に入れないようにする」「この前、カレーにケチャップかけて食べてる子どもがいると思ったら、鼻血だった」などと語り、いまだに暴力を振るっているかのような話にしてしまう。それを聞いたさんまが、すかさずカメラに向かって、「ね、反省してないでしょ」と一言。最後は、「(謹慎中で仕事がなくて、住んでいる部屋に風呂がないから)お風呂屋が閉まっちゃうんで」と、たけし一流の言い回しで去っていく。

万事がこの調子でトークは進んだ。普通、その場が世間への謝罪の場になってもおかしくはない。いまの時代であれば、おそらくそうなるだろう。しかし3人は、深刻なはずの話題もすべて雑談のネタとして笑いにしてしまった。それに対して、「笑う社会」と化していた世間は、むしろそのような3人を歓迎した。この共演は大きな反響を呼び、それ以後、タモリ、たけし、さんまはお笑いの世界を代表するトップ3と称されるようになる。いまに続く「お笑いビッグ3」誕生の瞬間であった。

可視化された「笑う社会」

そして1991年に放送された『27時間テレビ』では、「ビッグ3」の存在が私たちの記憶に深く刻み込まれることになる出来事が起こる。

この年、ビッグ3は、スタジオに作られたミニゴルフ場でゴルフ対決をした。その合間の雑談の流れで、運転技術を競うこととなり、さんまの愛車である高級車レンジローバーで車庫入れ合戦をしようという話になった。

ところが、車の置いてあるフジテレビ内の敷地に出るや否や、歌舞伎の助六のメイクと扮装をしたたけしがいきなりゴルフクラブでさんまの愛車を叩き出す。必死に制止するさんまを振り切って車に乗り込むと、車庫代わりに作られたコンクリートブロックの囲いにわざとぶつけ、バンパーが外れるなど車体はボロボロになってしまう。その間、タモリは巧妙にたけしをアシストし、さんまは哀れな姿になった愛車を前に泣くに泣けず、へたり込んでしまったのである。

翌1992年の『27時間テレビ』でさんまは、一年越しの復讐をもくろむ。裏番組への出演を終えたたけしが高級車でやってくるのをフジテレビの門のところで待ち構え、手にしたコンクリートブロックでたけしの車をお返しとばかりに傷つけてやろうというのである。その場にいたタモリや司会の逸見政孝も協力を約束し、さんまはいざ門の陰にスタンバイする。

たけしが姿を現した。ところが、なぜか去年と同じく助六の格好をしている。しかも、たけしが乗っていたのは車ではなく、自転車だった。肩すかしを食らって呆然とするさんまの横をすり抜け、たけしはそのまま敷地内に駐車してあるさんまのレンジローバーに自転車ごと激突。またもやタモリのアシストを受けてレンジローバーに乗り込むと、コンクリートブロックでできた車庫に思い切り車をぶつけ、この年もさんまのレンジローバーは傷ついてボロボロになってしまったのである。

まさに笑いの祝祭と言うべきであろう。それは、高級な財物を惜しげもなく破壊する無償の行為という意味で、文化人類学で言われるポトラッチの儀礼にも似ている。すべてを笑いのために捧げるという意味での〝お笑い至上主義〟を見て取ることができる。もちろん、それを馬鹿騒ぎだと眉をひそめる良識派もいたに違いないが、多くの視聴者はそれを受け入れ、笑った。それは、「笑う社会」が可視化された瞬間であった。

笑いは世界の中心に

ここで忘れてならないのは、その舞台となったのがテレビであったという点である。「ビッグ3」の誕生は、テレビの日常的なお祭り化を背景にしていた。その旗振り役となったのが、当時「楽しくなければテレビじゃない」というキャッチフレーズを掲げたフジテレビであった。

フジテレビがそのようなポジションになったそもそものきっかけは、1980年代初頭に起こった爆発的な漫才ブームだった。

1980年1月、フジテレビの演芸番組『花王名人劇場』で放送された「激突！漫才新幹線」という企画が、関東で15・8％、関西で27・2％（世帯視聴率。いずれもビデオリサーチ調べ）という、他の回に比べて突出した視聴率を記録する。「激突！漫才新幹線」はその後シリーズ化され、1982年までに計5回放送された。うち80年11月30日の放送では、関東で22・4％、関西で36・8％の高視聴率を記録。いまや漫才ブームの到来は、疑いようのないものになっていた。

それに呼応するようにフジテレビは、人気の若手コンビを一堂に集めた漫才特番を新たに企画した。それが1980年4月に第1回が放送された『THE MANZAI』である。この番組も回を追うごとに視聴率が上がっていき、第5回（1980年12月30日放送）では32・6％（ビデオリサーチ調べ。関東地区世帯視聴率。以下、断りのない限り同様）という驚異的視聴率を記録した。

ただ、『THE MANZAI』には、コンセプト面で『花王名人劇場』と異なる点があった。『THE MANZAI』では、漫才を従来の演芸としてよりもテレビ的な笑いとして強く意識していたのである。

一言で言えば、一般の人びとの笑いへの参加度の差が、こうした違いをもたらした。演芸であれば、基本的に一般の観客は、楽しませてもらうだけの受け身的な存在である。ところが『THE MANZAI』は違った。

当時、『THE MANZAI』のプロデューサーであったフジテレビの横澤彪は、従来の演芸番組の常識を変えようとした。

まず横澤が目を付けたのは、観客の扱い方だった。「それまで雇っていた「笑い屋」（引用者注：番組や舞台を面白いと思わせるために演出側や主催者側が仕込んだ観客）のおばさんをやめ、大学のサークルに電話して、学生を400人くらい集めた」（横澤『犬も歩けばプロデューサー』）。「笑い屋」は、ディレクターの指示に従って笑っていた。それに対し、集められた学生には特段指示したりせず、笑いたい時に自由に笑ってもらうようにした。横澤は、それによって芸人と観客との距離をなくそうとしたのである（セットを従来の寄席番組のように高座のかたちにはせず、ディスコ風にしたのもそうした演出の一環であった）。

その結果は、横澤の予想を超えるものだったという。「彼らのリアクションの速さに、ぼく（引用者注：横澤のこと）は圧倒された。ギャグをシャープに受け止めるし、面白くなかったらクスリともしない。大変厳しくて、正直。これはいままでお笑い番組をつくっていたぼくたちの視野にないお客だと驚いた」（同書）。

そこに横澤は、観客の「参加したいという意識の強さ」を発見する。そこで観客が求めているのは、芸人と観客が同じ目線に立って笑いを共有する一体感、すなわち「笑いの共有関係」だと横澤は感じたという（同書）。

つまり、『花王名人劇場』では笑いはまだ演者のものであったのが、『THE MANZAI』では、演者と観客の共有物になったのである。言い換えれば、『THE MANZAI』が私たちに発見させたのは、演芸としてではなくコミュニケーションとしての漫才、ひいては

「ボケとツッコミ」のパターンに基づくコミュニケーションの魅力だった。

もちろんこの観客の背後には、テレビの前の多くの視聴者がいた。その意味で、横澤が言うところの「笑いの共有関係」は、さらに大きく広がる可能性を持ったものだった。

実際、日本人は1980年代以降、『THE MANZAI』の観客の大学生のように、ただ笑いを厳しく客観的に評価するだけでなく、笑いのコミュニケーションに自ら積極的に参加する存在へと変貌していった。テレビがリードした漫才ブームをきっかけに、「ボケ」や「ツッコミ」といった語彙が、そうした笑いの実践とともに私たちの日常生活に浸透していった。私たちは、何かあればボケようとし、それにツッコミを入れることが一種の社会的礼儀になっていく。

ここに「笑う社会」は生まれ、笑いは世界の中心となった。それは、テレビと社会の主従関係が逆転した瞬間でもあった。テレビの中の笑いは、単なる娯楽のひとつではなく、私たちの日々の振る舞いのお手本になった。その意味で、テレビが従で社会が主ではなく、テレビが主で社会が従になったのである。その象徴的な存在として、「ビッグ3」は尊敬の対象にさえなっていった。

漫才ブームと「ビッグ3」それぞれの関係

そんな漫才ブームと「ビッグ3」の関係は、三者三様である。

まず漫才ブームの最中にいたのが、漫才コンビ・ツービートとして活動していたビートたけしである。ツービートは、B&B、島田紳助・松本竜介、ザ・ぼんち、西川のりお・上方よしお、太平サブロー・シローら、他の若手漫才コンビとともに漫才ブームをリードする存在だった。

彼らの漫才はそれまでの漫才とはネタの成り立ちが違っていたと、『花王名人劇場』の演出家兼プロデューサー・澤田《さわだ》隆治《たかはる》は指摘する。

昭和の初期にしゃべくり漫才を確立した横山エンタツ・花菱アチャコのネタは、座付き作家・秋田實の手になるものだった。エンタツ・アチャコにおいては、それぞれの個性も大切ではあるが、基本的にかれらはネタの演じ手であり、ネタのなかで与えられた役柄を踏み外すようなことはしない。

それに対し、漫才ブームで頭角を現した若手コンビのネタは、澤田によれば「自分たちの体験や考え方でつくられた」自作のネタだった。そのようなネタでは、漫才師それぞれの個性、地の部分がベースになっていて、必然的にその人間の本音や主張がそこに入り込む。だからこそ、「彼等のネタが独創性をもって私たちに迫るパワーにただ驚き、笑ってしまうのである」（澤田『漫才ブームメモリアル』）。

たけしの場合、そうした本音や主張は、世間の常識に対する批判へと向かった。「赤信号みんなで渡ればこわくない」のような一連のギャグは、「一億総中流」意識のなかで安穏としている日本人の愚かさや危うさを鋭く衝いた。それは、単なる実体験に基づいた本音や主張とは異なる批評性、知的な魅力を感じさせるものであった。当時たけしが、アメリカ社会を鋭く批判した伝説的スタンダップコメディアンであるレニー・ブルースと重ね合わせて語られることが多かったのは、その証《あかし》である。

タモリも知的な笑いの担い手であったが、たけしとは異なるタイプの芸人だった。

そもそもタモリは、漫才ブームとはほとんど無関係である。それ以前からデタラメ外国語や寺山修司ら文化人の思想物まね（口癖や声色だけでなく、本人が言いそうなことを即興的に語る物まね）など、ナンセンスとパロディを真骨頂とする「密室芸人」として、一部に熱狂的なファンのいる、いわばマニア受けするタイプの芸人だった。

ところが、1982年にフジテレビ『笑っていいとも！』の司会に抜擢されると、事態は一変する。それをきっかけに、タモリは漫才ブーム以降の笑いの本流を担う存在になるのである。

キャスティングをしたのは、前出の横澤彪である。横澤は、漫才ブームによって若手芸人のアイドル化が進み過ぎた結果、彼が発見し、感動もした新しい「笑いの共有関係」が変質してしまうことを危惧していた。アイドル化によって、批評的観点がないまま、なんでも笑うような受け身の観客が増えてしまったと横澤は感じていたのである。

そこで漫才ブームの本領である、本音に基づいた知的笑いを復権させるために、タモリに白羽の矢を立てたのであった。横澤の目論見は成功し、『笑っていいとも！』は30年以上続く長寿番組となり、タモリも全国的な「お昼の顔」となったことは、改めて言うまでもないだろう。

そして明石家さんま。彼は落語家として出発し、テレビのバラエティに出るようになってからも、ひとりで活動するピン芸人であった。したがって、タモリと同じく漫才ブームの中心にいたわけではない。さんまがタモリ、そしてたけしと違っていたのは、関西出身で吉本興業の所属だったということである。

漫才ブームには、いわゆる「吉本の笑い」の全国区化という側面があった。ツービートは浅草を拠点にしていたが、紳助・竜介、ザ・ぼんち、のりお・よしおらはみな吉本興業所属であったし、B&Bも元は吉本興業に所属していた。

吉本興業は、関西での寄席経営からスタートした。そのなかで大きく発展を遂げた演芸が、先ほどもふれたエンタツ・アチャコを祖とするしゃべくり漫才であった。

本来、漫才の魅力というものは、友人同士の立ち話を思わせるようなカジュアルさにある。こうしたなかで漫才ブームは、先述の澤田隆治の指摘にもあったように、漫才師個人の体験や考えかたをベースとするネタへと発展させることで、漫才をさらにカジュアル化させたと言える。

さんまは、フジテレビ『オレたちひょうきん族』（1981年放送開始）への出演などを通じて、そうした漫才的カジュアルさを体現する笑いをひと際鮮やかに実践し、「笑う社会」の一員である視聴者の生きた教材になった。

その際、彼がピン芸人であることは有利に働いた。決まった相方がいないので、相手を選ばず多彩なパターンのボケとツッコミを繰り出すことができるからである。相手は芸人であろうと素人であろうと関係ない。基本的なボケとツッコミはもちろん、臨機応変にボケ役になったりツッコミ役になったり、あるいはボケておいて自分で自分にツッコミを入れるノリツッコミなど、さんまは「ボケとツッコミ」のひとり見本市を繰り広げた。

「笑う社会」に変化の兆し

つまり、さんまは、漫才ブームの最もコアになる部分を受け継いだ存在であった。

だから、たけしやタモリが必ずしもそうならなかったのに対し、さんまは「ボケとツッコミ」の笑いの牙城をひとり守り続けるかたちとなった。そしてバラエティ番組のMCとして、さんまはあるときは芸人や芸能人を相手に、またあるときは一般の素人を相手に、小気味いいテンポでボケとツッコミを駆使した笑いを生み出し続けた。

そうした状況は、ごく最近までずっと変わらなかった。だからこそ、冒頭で述べた2018年の「好きな芸人」の調査結果は、さんまのひとり勝ち状態の、ひいてはここ数十年間続いてきた「ビッグ3」体制の終わりが近づいてきたことを感じさせる〝事件〟だったのである。

しかもそれは、その年だけの結果ではなかった。翌年の同じ調査では、その流れはより顕著になっている。この年もサンドウィッチマンは「好きな芸人」1位の座をキープし、2位は明石家さんまであったが、その票差はさらに広がった。

さらに注目したいのは、この年の「嫌いな芸人」ランキングである。さんまの順位は2018年の11位から急上昇し、1位になったのである。特段、彼が世間の反感を買うような大スキャンダルや事件を起こしたりしたわけではない。嫌われるのは人気者の証拠でもあるとよく言われるが、これまで「好きな芸人」ランキングで圧倒的な高順位を誇ってきたさんまがこのような評価を受けるようになったという事実には、人気者の証とは異なるなにかが感じられる。

そして、明石家さんまに取って代わったのがサンドウィッチマンだったのはなぜか？

もちろんサンドウィッチマンは、いまや数多くの冠番組を持つ大変な売れっ子であり、『M－1グランプリ』でも優勝したように、確かな実力を持つ芸人であることは言うまでもない。しかし、さんまが突然「嫌いな芸人」トップになった結果と考え合わせると、そこにはよくある世代交代というだけでは片づかないものがあるように思える。

なにが言いたいかというと、そこには個々のお笑い芸人の人気の盛衰という次元を超えた、笑いのスタイルそのものの根本的な変化の兆しがあるのではないか、ということである。さんまが守り通してきた「ボケとツッコミ」の笑い。それがいまでもメジャーな笑いのパターンであることは間違いないが、社会の側の受けとめ方がいま急速に変わりつつあるのではないか？

本書は、ここ40年ほど続いてきた「笑う社会」としての日本社会の足跡を、常にその中心にいた「お笑いビッグ3」に即してたどり直すとともに、「笑う社会」にいま起きつつある根本的な変化を明らかにしようとするものである。

この仮説を納得してもらうには、「お笑いビッグ3」の3人が世に認められてから現在に至るまでのプロセスを改めて詳しくみておく必要があるだろう。

本書の流れ

本書では、そのプロセスを以下のような順でたどっていく。

第1章では、芸人としてのタモリ、たけし、さんま、それぞれの原点を検証する。3人が芸人になる前のエピソードを踏まえつつ、それぞれの笑いへのスタンスの違い、そこから生じる芸風の違いを明らかにする。

第2章では、1990年代にブレークしてカリスマ的な存在となり、お笑いの世界に強い影響力を持つようになったダウンタウンと「お笑いビッグ3」の関係について考察する。そのなかで、ダウンタウンが「お笑いビッグ3」、ひいては漫才ブームの笑いのエッセンスを〝前衛的〟とも言える独自のしかたで継承したこと、その前衛性にもかかわらず、大衆的な支持を得た理由を明らかにする。

第3章では、ダウンタウンの笑いがスタンダード化するなかで2000年代にスタートした『M－1グランプリ』がビッグイベントとして人気を博し、漫才という芸が再興するに至る経緯を跡づける。と同時に、「お笑いビッグ3」がそれぞれの芸風を生かした分野で引き続き活躍したこと、そのなかでさんまだけがお笑いの分野にとどまるようになったことの意味を考察する。

こうして何段階かの変化を経ながらも、1980年代から2010年代半ばぐらいまで、この社会に浸透した「ボケとツッコミ」の笑いが中心となる構図が揺らぐことはなかった。ところが10年代後半になると、18年の「好きな芸人」ランキングの変化にうかがえるように、笑いをめぐる状況に無視できない変化の兆しが見え始める。第4章ではその点に注目し、テレビとネットの関係、「お笑い第7世代」と呼ばれる新世代の芸人たちの出現などを視野に入れながら、笑い、そして社会にいま何が起こっているのかを明らかにする。

最終章では、笑いと社会をめぐって現在生じている大転換に際して、約40年にわたりお笑いの世界の中心にあり、社会的にも強い影響力を保ってきた「お笑いビッグ3」が残したものはなにかを考えてみたい。そのうえで、「笑う社会」の将来像を探ってみたいと思う。

第1章

「お笑いビッグ3」、それぞれの軌跡

——80年代まで

1　変わらぬ趣味人・タモリ

ジャズとの出会い

「中洲産業大学タモリ教授」。その姿を最初に見たのは『金曜10時！うわさのチャンネル!!』（日本テレビ系、1973年放送開始）でのことだっただろうか。「中洲」という単語は、私にとって耳慣れないものだった。よくコントにあるような、化学の実験での爆発で逆立ったような髪型、片方だけが黒レンズという奇妙な眼鏡に歯が欠けたメイク、よれよれの白衣姿のタモリ教授は、よく読めない文字を黒板に殴り書きしながら、珍説をもっともらしく語っていた。「中洲」とは、タモリの出身地である福岡の繁華街のことだと知ったのは、それからしばらく経ってからのことである。

福岡は芸能人を数多く輩出してきた土地柄である。タモリのほか、高倉健や松田聖子、井上陽水、武田鉄矢、博多華丸・大吉といった名前がすぐに思い浮かぶ。タモリ自身、同郷の先輩コメディアン・小松政夫と2人でコントをしていたこともある。『24時間テレビ』の深夜コーナーでのことだが、もし永六輔や野坂昭如などの有名人が丸太だったら、機械で切られるときにどういう音がするかを、その人の声の物まねで表現するというシュール極まりないものだった。

もともと福岡には、祭りなどの際に紙製の半面をつけて掛け合い芸を演じる博多俄《はかたにわか》の伝統がある。芸人タモリの誕生と、そうした芸事の盛んな土地柄とはけっして無縁でないだろう。『笑っていいとも！』のテレフォンショッキングでも、出演した芸能人が同郷であるとわかったとたん、「あんた博多ね？」「そうたい」などと博多弁での掛け合いが、にわか漫才のように始まることがよくあった。

しかしその一方で、タモリの経歴を見るとこうも思う。タモリにとって、世代的なもの、生まれた時代の影響は、土地柄に勝るとも劣らず大きかったのではないか、と。以下、その観点から足跡をたどってみることにしたい。

タモリこと森田一義は1945年8月22日に生まれた。敗戦からわずか一週間後である（タモリはこの誕生日について、戦争中の大変な時に両親が「仕込んでいた」とよくネタにする）。統計によるとこの年の出生数は190万2000人（推計）。2年後の1947年から3年間は、毎年270万人弱と一気に出生数が増える。いわゆるベビーブームの到来である。作家の堺屋太一がこの世代を後に「団塊の世代」と名づけたことはよく知られていよう。

それに対して1945年生まれの人々は、戦争終了時にまだ幼かった人たちを指す「焼け跡世代」に属する。団塊の世代よりも人口が少ない分、他の世代を圧倒するような存在感はなかった。しかもタモリは、焼け跡世代の最後尾に当たり、敗戦直後の食糧難や貧困に苦しんだ経験はない。タモリが3歳の時に両親は離婚しており、タモリを育て上げた祖父母は、満州帰りの裕福な層でもあった。

森田少年は、一人遊びが好きな内気な少年だった。小学生時代には一人でゲルマニウムラジオ作りに没頭し、高校時代にはアマチュア無線の資格をとった。他方で、人を笑わせることも好きで、小学校の卒業会では漫才を披露した。中学生になると教会の日曜学校に通うようになったが、それは信仰心があったからではなく、単に牧師の説教を話芸として面白いと思ったからだった。『笑っていいとも！特大号』のオープニングで恒例になっていた牧師風のインチキ説教ネタは、この時の経験がもとになっている。

そして好奇心旺盛な森田少年がもっとも夢中になったのが、ジャズだった。

姉がピアノを習っていた影響でクラシックから民族音楽まで幅広く世界の音楽を聴いていた彼は、ジャズドラマー、アート・ブレイキーのアルバム『モーニン』（1958）に出会う。折しも空前のモダンジャズブームが到来していた。他ならぬアート・ブレイキー率いるジャズ・メッセンジャーズが1961年に来日公演を行い、各地で旋風を巻き起こしたのである。このジャズとの出会いをきっかけに、高校のブラスバンド部に入った森田少年はトランペットを始め、米兵向けのAMラジオ局「FEN（現AFN）」のジャズ番組を聴き、博多のジャズ喫茶に通うようになった（蛇足だろうが、芸名の「タモリ」は「森田」をひっくり返したもので、ジャズミュージシャンがよくやる仲間内の言葉遊びから来ている。例えば「ピアノ」であれば「ヤノピー」のようにひっくり返して呼ぶのである）。

ルール嫌いの森田少年

森田少年はジャズ演奏におけるアドリブに特に魅了された。『モーニン』を聞いた時、「アドリブのパートに入ると何やってんだかわかんない。えんえんやってるしね。でも、あながちデタラメでもなさそうだし、こりゃ一体何だろう」という気持ちになった。「それまで音楽聞いて〝わからない〟ってことがなかった」森田少年にとって、それは未知の体験だった。その素朴な好奇心が、「こりゃすごいな」という思いに変わるのに時間はかからなかった（『宝島』１９８６年11月号）。

このエピソードは、タモリの人となりと芸風を考えるうえでとても興味深い。というのも、ジャズのアドリブとの出会いは、タモリの〝ルール嫌い〟を決定づけたように見えるからである。

タモリは、幼稚園に通うくらいの年ごろから、「ちゃんとしたこと」が嫌いだった。糸井重里との対談でタモリは、その頃がもっとも精神年齢が高くて、すでに「偽善」ということを考えていたと語っている（『ほぼ日刊イトイ新聞』における糸井重里との対談）。幼い頃からタモリには、ルールとか様式に対する嫌悪感があったのである。

そんなタモリが大切にしたのは、リズムだった。

タモリによれば、リズムとは「守る、守らない」ではなく、「合う、合わない」の世界である。ルールに反することをすれば罰せられるが、リズム感は人それぞれで、周りの人間と違っていてもいい。むしろ、多様なリズム感のアンサンブルによって、その場の人間すべてが心地よくなるような空間が生まれる。

七〇年代後半、すでに芸能人となったタモリはこう語っている。「面白さって言うのは五、六人で酒飲んでワアワア言ってる時が非常に面白い訳で、それを何とか日常の自然な笑いの形で放送に出して見たいと考えた」（『放送批評の50年』）。ではどうするか？ 例えばラジオでは、「オレの時間とリズムとお客のリズムが一致して同じ時間を過すところにその答えがあるんじゃないか」（同書）。ここでもタモリは、「リズム」という音楽的表現を使って、仲間とワアワアやる感覚の面白さを説明している。

その原点には、ジャズにおけるアドリブに魅せられた体験があった。楽譜に書かれた旋律の通りではなく、アンサンブルを保ちながら、それぞれのリズム感で自由に奏でていくのがアドリブの醍醐味である。幼いころから、決められたルールへの嫌悪感があった森田少年が、アドリブ豊かなモダンジャズに魅かれていくのも当然だったと言えるだろう。

タモリを一躍有名にしたのは、後でもふれるように、新宿の行きつけのスナックで生み出された「密室芸」である。そしてそこにもアドリブ的要素がある。

例えば「密室芸」の一つに、ターザンがチータを引き連れてロープで移動していく際に、でたらめな外国語で雄叫びを上げるというものがあった。「スーシーホー」（中国語）とか、「ハイル・ヒットラー」（ドイツ語）とか叫ぶのである。それだけでなく、そこに居合わせたバーの常連客たちが、「大河内傳次郎（往年の映画スター）の中国人ターザンが、宇宙船のなかで酸素漏れに苦しんでいるところ」を演ってくれといったリクエストを出していく。こうしてネタが、即興的に発展していったのである。

先ほど引用したタモリの考えかたの実例がまさにここにある。少人数の密室であるがゆえに、世間の常識とかルールを気にせずネタが予想外の方向へとどんどん膨らんでいく面白さである。

もちろん、その場に居合わせた人すべてがタモリのように巧みに演じられたわけではなく、笑って見ているだけの客もいただろう。だが、そういう人も、その人なりのリズム感でその場のアンサンブルに寄与していただろうし、タモリもその反応を感じ取ってネタをアドリブ的に展開していったに違いない。

時間を元に戻そう。ジャズとの出会いによって、もともと持っていた感性を表現する手段を得た森田少年だが、大学受験に失敗し、浪人生活を送ることになる。

そうした時にあっても森田少年は、台湾や韓国などのラジオ局の電波をキャッチしては、意味もわからぬまま夢中になって聞くことがあった。文法というルールも知らずに意味不明の外国語放送をわざわざ好んで聞くなど、普通はありえないだろう。しかし森田少年には、その言語固有のリズムがこの上もなく面白く感じられたのだろう。そしてそれは、「密室芸」で披露された先述のでたらめ外国語芸のきっかけにもなった。

一度目の上京

一浪後の1965年、森田少年は早稲田大学第二文学部哲学科に合格し、上京する。ちょうどそれは、大学進学率の上昇期にあたっていた。1950年代には10％前後であったのが、60年代から上がり始め、65年には17％に達している（学校基本調査）。64年の東京オリンピック開催を一つの契機として高度経済成長が本格化し、それに伴ってホワイトカラーや専門職への需要も高まり、高学歴化が急速に進んだのである。

作家の五木寛之はタモリと同じ福岡の出身で、やはり早稲田大学の第一文学部に進学している。といっても五木は1932年生まれの戦中派で、大学に入学したのは52年だったから、タモリよりも10年以上、先輩ということになる。当時はまだ高度経済成長も始まっておらず、地方から上京してきた学生はみな貧しかった。

その一人であった五木は、多くの貧乏学生と同じように、新聞配達の住み込みをして働かなければならなかった。それでも学費までは払えず、未納が重なった。寝泊まりしていた十畳ほどの部屋には10人ほどのアルバイト学生がいたという。「呆れるほど金のない連中ばかりで、なんだかいつも腹をすかしていた」(五木『風に吹かれて』)。

それに比べれば、実家から仕送りのあるタモリははるかに恵まれていた。そのことを物語るこんなエピソードがある。高校時代の友人三人と日光へ旅行に行くことになったものの、友人がその旅費を出せないという。そこでタモリは立て替えてやった。無事タモリらは日光から帰ってきたが、友人からは貸したお金が戻ってこない。そのため授業料を払えずにいたが、当人は「まあ、いいか」と放置していたため、大学を除籍になってしまった。

嘘のようなエピソードだが、苦労をよしとしないタモリの生き方も伝わってくる。

こんな話もある。高校時代のことである。タモリは「何でもいいから有名になりたい」と思い始めた。と同時に、「俺も有名人になるんだから他の有名人の悪口を言うのはやめよう」と考え、実践した。有名人になるまでに、それなりの努力や我慢、運などが必要だと考えるのが普通だろう。しかしタモリのなかでは、有名人になることは決定事項となっていた。だから、有名人になった時のことしか念頭にない。つまり、有名になるまでの苦労はないことになっている。

高度経済成長期、進学のために上京した多くの若者は、「苦労なくして成功できるならばそれに越したことはないが、現実はそんなに甘くない。出世したいのであれば、大学をちゃんと卒業して、いいところに就職するしかない」と思って勉学に励んだことだろう。こうした時代の趨勢に抵抗するように、タモリは、いかに手抜きができるか、どこまで楽をして成果を得るか、というスタイルを貫いた（その点、クレージー・キャッツの植木等が〝無責任男〟を映画で演じて一九六〇年代に一世を風靡したことを思い出す）。

「誰でも弾けるチック・コリア」という、タモリのネタがある。チック・コリアは70年代に一世を風靡したジャズ・ピアニスト。タモリによれば、白鍵だけを使い、それ風のフレーズを繰り返し弾けば、誰でもチック・コリアのように聞こえるという。つまり、演奏技術を習得するための努力など一切しなくても、プロのミュージシャンのように弾けてしまう。楽をして成果を得ることを目指すタモリ一流のスタイルを物語る芸だ。

しかし、大学で入部したモダンジャズ研究会でのタモリはミュージシャンへの道を早々に断念、マネージャー兼司会になった。とはいえ、学生バンドブームだった当時、早大モダンジャズ研究会は年間300ステージをこなしたので、大学除籍後も司会業で相当の収入を得ていた。だがその後、郷里の福岡に連れ戻され、サラリーマン生活を送ることになる。

二度目の上京

1968年、福岡に帰ったタモリは、保険会社の外交員になった。そこに三年間勤めた後、大学の先輩が経営する観光会社に就職。当時、ボウリングが大ブームとなっており、ボウリング場の支配人や喫茶店のマスターなどを務めているうちに四年が過ぎた。

そして1972年、転機が訪れる。ジャズミュージシャンの渡辺貞夫がツアーで来福。渡辺のマネージャーが学生時代の知り合いだった縁で、タモリは宿泊先のホテルを訪れた。その夜、ツアーメンバーだったジャズ・ピアニスト、山下洋輔の部屋の前をたまたま通りかかったタモリは、山下たちが部屋でどんちゃん騒ぎをしているところに出くわす。「面白そう」と思ったタモリは、ドアが開いていたのを幸い部屋に入り、いつの間にか仲間に加わった。

部屋では山下たちが、テレビの音声をオフにして適当なアテレコをつけるという遊びをしていた。そこに乱入したタモリは、でたらめ韓国語でいきなり話し始めた。その時の様子を山下は後にこう描写している。

「出し物が最高潮に達しつつあった時、一人の見知らぬ男が踊りながら入って来た」。「中村（引用者注：ツアーに同行していたサックス奏者）は、大声で男の無礼を咎めた。デタラメの朝鮮語だ。「タレチョネン　イリキテカ　スミダ」すると我々が予想もしなかったことが起こった。男がやはり同じ言葉で、しかも、どう聞いても三倍は流暢に返事をしたのだ。「ヨギメン　ハッソゲネン　パンチョゲネン　パンビタロン　ピロビタン　ウリチゲネンナ　ゴスミダ」」（山下『へらさけ犯科帳』）。初対面で自己紹介もしていないのに、いきなりでたらめ外国語で会話を交わす。まさにジャズ的なアドリブセッションとしかいいようのない応酬だった。

ひとしきりばか騒ぎをした後、帰り際に名前を聞かれたタモリは、「森田です」と名だけ告げて去っていった。東京へ戻った山下洋輔は、新宿のバー「ジャックの豆の木」に集う仲間たちにこの不思議な一夜のことを語り、タモリは伝説の人物として記憶された。

その後、人づてにタモリの連絡先を知った山下らは、「ジャックの豆の木」のママの発案で「タモリを呼ぶ会」を結成する。その頃ちょうど、タモリも三〇歳を機に仕事をやめていた。そして1975年6月、「ジャックの豆の木」に集まった山下、赤塚不二夫、長谷邦夫（漫画家）、高信太郎（漫画家）、奥成達《おくなりたつ》（詩人）、筒井康隆らの前で、タモリは芸を披露する運びとなった。

そこでも、ネタのアドリブセッションが繰り広げられた。タモリが四カ国語麻雀を披露すると、山下洋輔は「四カ国の人間のうちの誰かがチョンボをしてケンカになる場面」とリクエストをし、即座にタモリがそれに応えるといったように、観客とのやりとりのなかでネタがどんどん発展していった。

その日、タモリの芸に最も魅せられたのが、漫画家の赤塚不二夫であった。8月に収録されるテレビ番組への出演をその場で要請し、東京での住居がないと知ると、自分のマンションを提供した。ここからタモリの居候生活が始まる。4LDK、当時家賃17万円の高級マンションでタモリは単身生活。加えて月20万円の小遣いを赤塚からもらい、ベンツにも乗り放題であった。こうしてタモリは二度目の上京を果たしたのである。

遅れてきた大学生

一度目の上京と二度目の上京の間に、日本社会は大きく変わっていた。

一度目に上京した時の日本は、高度経済成長の真っただ中だった。二度目に上京した一九七五年は、高度経済成長の終わりがはっきりした年だった。前年の七四年に戦後初のマイナス成長を記録したことが、翌七五年に発表されたのである。奇跡とも呼ばれた高度経済成長によって、国民の生活は全体に豊かになった。だが、その一方で経済成長という国民共通の目標は失われ、この時期から、豊かさを背景に個人の生き方を優先する価値観が強まっていく。

1975年に大学へ現役で入学したのは、1956（昭和31）年生まれの人々である。この年の大学・短期大学進学率は38・4％で、高度経済成長期に始まった進学率の上昇がピークに達した年でもあった。4割弱の人たちが大学に進学する高学歴社会の誕生である。

1950年代後半（昭和30年代前半）生まれの若者は、「しらけ世代」と呼ばれた。60年代末の学生運動の熱気が去った後に入学してきたこの世代は、政治・社会の情勢に無関心で、私生活のことにしか関心がないとみられていた。

同じようなニュアンスは、この世代のもう一つの呼び名となった「モラトリアム世代」にもこめられている。心理学者・小此木《おこのぎ》啓吾《けいご》の『モラトリアム人間の時代』（1978）がベストセラーになったことで広まったこの呼び方は、大学生を中心とした若者のあり方を批判的に表現したものだった。

「モラトリアム」とは本来、「支払い猶予」を意味する経済用語である。それが心理学の用語に転用され、大人への「猶予期間」、つまり、社会に出ることを先延ばしして一時の自由に浸ることのできる期間という意味になった。そのような若者にとって、大学は勉学の場というよりも、遊びの場となる。そしてその象徴が、同好の仲間が集うサークルであった。

タモリが二度目の上京を果たしたのは、そのような時代だった。もちろん今度は、大学生になるためではなかった。しかしそこには、途中でやめた大学生生活のやり直しという側面が少なからずあったように思われる。

例えば赤塚不二夫宅での居候生活は、大学生の下宿生活のようなものであり、スナック「ジャックの豆の木」での密室芸の披露は、サークル活動のようなものだったと言えるだろう。モダンジャズ研究会のように、楽器を持ってのセッションではなかったが、そこでは即興芸によるセッションが連日のように繰り広げられた。

こうしてタモリは、かつて中途でやめたサークル活動をやり直すかたちとなった。タモリはいわば「遅れてきた大学生」であった。しかもこのとき、多くの若者は、勤勉さではなく遊び心を重視するようになっていた。つまり、タモリの生き方がすんなりと受け入れられる時代が来ていたのである。タモリが大学生をはじめとした若者たちから支持される条件は整っていた。

1958年生まれで、「しらけ世代」に属する評論家の坪内祐三は、こう述べる。「私たちシラケ世代は実は、本当はシラケていなかった（シラケたふりをしていたのだ）。だからそのシラケが攻撃に転じることもあった」（坪内『昭和の子供だ君たちも』）。

この同世代評は、タモリによる密室芸の評にそのまま当てはまる。でたらめ外国語にせよハナモゲラ語にせよ、タモリの芸は、多くの人が指摘するように、冷静な観察眼から発している。それは、当事者ではなく傍観者の立ち位置にいるということである。その意味ではタモリは「シラケて」いる。

しかし、坪内が指摘するように、シラケが攻撃に転じることもある。例えば、四カ国語麻雀のネタで、チョンボから大ゲンカになるという場面では、当初そこに仲裁に入るのは田中角栄や昭和天皇という設定になっていた。権威をパロディ化するというかたちで「シラケが攻撃に転じた」のである。いわばタモリは、早すぎた「しらけ世代」でもあった。

「恐怖の密室芸人」

上京後まもないタモリの密室芸を見た芸能関係者の間では、「やりたいことはわかる。だが、これをどう展開させるかというと非常に厳しい」という意見が強かったという。陶器のでたらめな歴史をもっともらしく解説してみせるNHK教育テレビの教養番組のパロディネタ「陶器の変遷」などをタモリがNHK関係者の前で披露しても、よく通じなかった。

しかし、先ほども述べたように、かつての時代と違って、タモリが若者に支持される条件は整いつつあった。

70年代後半、タモリはテレビやラジオに進出し始める。印象の薄い容姿をカバーするために、レイバンのサングラスに髪は真ん中分けというスタイルになったのも、この頃である。76年4月には東京12チャンネル（現・テレビ東京）『空飛ぶモンティ・パイソン』で初レギュラー、同年10月からはニッポン放送『オールナイトニッポン』のパーソナリティとなった。さらに本節の冒頭でもふれた人気番組『金曜10時！うわさのチャンネル!!』のレギュラー出演の話も舞い込んだ。

この頃からタモリの密室芸は各所で話題になり始めた。「恐怖の密室芸人」という異名も生まれ、雑誌などマスコミでも盛んに取り上げられるようになった。1979年にはNHKのバラエティ番組『ばらえてぃ　テレビファソラシド』にレギュラー出演。好感度を重視するはずのお堅いNHKが抜擢したことでも話題を呼んだ。これをきっかけに、『NHK紅白歌合戦』の応援ゲストの常連にもなった（1983年には総合司会まで務めることになった）。

こうして、タモリの存在は広く知られるようになっていったが、きわどい芸風は健在だった。それが最も発揮されたのは、アルバムである。音楽と言葉による強烈なパロディの数々がそこには詰め込まれ、当時のタモリの芸のエッセンスを堪能することができる。例えば、1977年にリリースされた初アルバム『TAMORI』には、「ハナモゲラ相撲中継」、中洲産業大学ネタの「教養講座〝日本ジャズ界の変遷〟」、NHK「ひるのいこい」のパロディ、さらに『オールナイトニッポン』のエンディングでもおなじみになった、アフリカ民族音楽にタモリがでたらめな詞をつけた「ソバヤ」が収録されている。

3枚目のアルバム『TAMORI3─戦後日本歌謡史─』（1981）に至っては、パロディの過激さゆえに当初、発売禁止となった。内容は副題にあるように、戦後歌謡史をまるごとパロディ化した意欲的なものである。1945年、マッカーサーならぬマッツカサが厚木ならぬ薄木に到着したところから始まり、各年代のヒット歌謡曲と当時の世相がまるごとパロディで表現されていく。それも、「東京ブギウギ」が「入院ブギウギ」、「バラが咲いた」が「ハラをサイタ」になるなど、毒気に溢れるものばかりであった。

変わらぬ趣味人

そこに一大転機がやってくる。フジテレビ『笑っていいとも！』のメイン司会に起用されたのである。1982年のことだった。

タモリは「恐怖の密室芸人」として、大学生など若者を中心に絶大な人気を博していた。だが、お昼の12時からの番組となると、視聴者は主婦層が中心である。その時間帯の番組では、各局とも品行方正で建前的なことしか言わないタレントやアナウンサーが司会を務めていた。タモリはそれと正反対の存在だったわけで、その起用は、危ぶむような驚きの声で迎えられた。番組プロデューサーだった横澤彪は、「ワースト・タレントの大本命だった」タモリの起用に対して、「猛反対の嵐」が周囲から巻き起こったと述懐している（横澤、前掲書）。

しかし案に相違し、『笑っていいとも！』は結局、32年も続く長寿番組となり、日本のお昼を代表するテレビ番組になった。司会を務めたタモリの存在は、この番組を通じて一躍、全国的に知られるようになった。

『笑っていいとも！』でタモリは、それまでの毒のある芸風を抑えてうまくお昼という時間帯に適応したとされる。実際、作家の小林信彦もこう指摘する。「タモリは、発想の根本にある〈差別〉を薄め、（中略）「笑っていいとも！」の〈無害な〉司会者として〈成功〉した」（小林『現代〈死語〉ノートII』）。

確かにそういう面はあるだろう。しかし、私たちが想像する以上にタモリはずっと変わらなかったと見るべきではないだろうか。言い換えれば、タモリにとって「差別」や「毒」といった要素は、実はそれほど本質的ではなかったのではないか？

ここまで述べてきたように、タモリという人間の根底にあるのは、社会のルールや常識とは無関係に面白がりたいという姿勢だ。そこには、ルールや常識を押し付けてくる権力や権威への嫌悪感もあるだろう。その嫌悪感が、「しらけ世代」のように攻撃に転じる場合もあるだろう。だがそれは、権力や権威の理不尽さを告発することがベースにある社会風刺と似ているようで異なる。むしろそこにあるのは、わかる人とだけ一緒に楽しむセッション的な関係性への純粋な非社会的欲望だ。

『いいとも』の初期に「名古屋ネタ」というものがあった。日本有数の大都市であるものの、田舎っぽさが見え隠れする名古屋の風土を「エビフリャー」などと誇張した方言でタモリがネタにして話題になった。

これなども本来はマニアックなネタである。今でこそ地域ネタはバラエティ番組の定番だが、当時はそれほどメジャーなものではなかった。にもかかわらず、タモリのマニアックな視点は世間に受け入れられた。それだけではない。文化人が言いそうな難解な言い回しをアドリブで語る思想物まねも、タモリならではのマニアックなネタだが、劇作家・詩人の寺山修司や作家・野坂昭如の思想物まねで、当時のインスタントラーメンのＣＭに出演してもいる。

要するに、変わったのはタモリではなく社会のほうだった。タモリ自身は、ずっと変わらぬ趣味人だった。

ここで「趣味」という言葉には説明が必要だろう。一般的な趣味のイメージは、仕事や家事を済ませた余暇にやる遊びのことだろう。だがタモリの場合は、趣味が人生のすべて、つまり生き方そのものである。主従の関係でいえば、趣味は従ではなく、主。タモリにおいては両者の関係が逆転している。

それは、「しらけ世代」であり「モラトリアム世代」でもあった当時の若者にとって、憧れを強くかきたてられる生き方だった。1980年代には、大学生が勉学や修養よりもサークルやコンパなど遊興に明け暮れる大学のレジャーランド化が批判されもした。しかし、〝一生モラトリアム〟は、当時の大学生やその世代の若者たちにとって、偽らざる生き方の理想でもあったはずだ。「遅れてきた大学生」としてすでに大人の年齢になっていたタモリは、まさにそれを体現する存在に見えたのである。

1980年頃、『タモリのオールナイトニッポン』で企画されたイベント「中洲産業大学夏期講座」などは、その意味で象徴的だ。講師陣にはタモリをはじめ、赤塚不二夫や山下洋輔らが顔をそろえ、入試に合格した者だけに受講資格が与えられる。期間は1週間だったが、50〜60人の定員のところに2万5000人もの応募があった。

いわば〝大学ごっこ〟だが、それはレジャーランド化した大学そのものとも言える。実際、夏期講座の模様が放送された4時間のうち、後半の2時間は、その場にいる人間が

「ソバヤ」を唱和するというお祭り騒ぎになった。その盛り上がりからは、大学生世代の若者のタモリという存在への憧れが伝わってくる。

2　理想の悪ガキ・ビートたけし

貧乏と悪ガキどもの世界

ビートたけしは、自分の過去、特に子ども時代のことをよく語る。タモリやさんまが自分の過去をあまり積極的に語ることがない分、よけいに目立つ。

しかしそれは、単にノスタルジーに浸りたいからではないだろう。たけしが子ども時代にこだわるのは、その時代が彼の芸の原点だからである。「おいらもデビュー当時、毒舌だなんだって文句言われたけど、別に独りでに覚えたわけじゃない。ガキの頃から家の中で、親父やお袋に散々鍛えられて、自分の好みを通すには、口で相手を言い負かす以外ないとわかったからだよ」（『悪口の技術』）。

このように、芸人・ビートたけしにとって子ども時代と、そこでの両親の存在はとても大きい。ではそれは、具体的にはどのようなものだったのだろうか？　たけしの幼少期まででいったん遡って詳しく見てみよう。

ビートたけしこと北野武は、1947年1月18日、東京都足立区に生まれた。子ども時代の話は、ドラマ化もされたエッセイ集『たけしくん、ハイ!』でなじみのある方も多いだろう。

たけしの家の暮らしは、貧しかった。祖母と両親に兄が2人、姉が1人、そしてたけしが一つの部屋で暮らしていた(『菊次郎とさき』などでは、二部屋のような言い方をしている)。父親はペンキ職人で、母親は夫の仕事を手伝うほか、ヨイトマケ(建築現場などで地固めをする際、重い槌を滑車で上げ下ろしする集団作業のこと。多く女性が携わり、作業時の掛け声からそう呼ばれるようになった)、団子売り、おもちゃや造花作りの徹夜の内職など、働き詰めの日々であった。

たけしが小学校に入学したのは1953年のことである。50年に始まった朝鮮戦争の特需で経済は戦前の水準に戻り、ちょうど高度経済成長が始まろうとしていた。年の離れたたけしの長兄や姉はその頃すでに働き始めていて、たけし自身は極端に貧乏な時代は経験していない。だが、当時はまだ高度経済成長が本格化しておらず、至るところに貧しさが残っていた。

だから、たけしの家よりも貧乏な友だちもいた。その友だちは母子家庭で、経済的な事情で学校も休みがちだった。住まいは狭いだけでなく、畳の代わりにミカン箱の上にむしろを敷いているような粗末な作りだった。ある時たけしは、興味半分で他の友だちと一緒に留守中のその家に忍び込む。そして持ってきたノコギリで柱を面白がって切ると、何と家はペチャっとつぶれてしまった。たけしたちが隠れて見ていると、友だち家族が帰ってきた。「家が見えるところに、親子三人でポツンと立ってる姿見てさ、まずいなって思ってさ」（『たけしくん、ハイ！』）。

帰ってきたら家がなくなっていた友だち家族にとってはたまったものではないが、そこには、貧しい中でもいたずらや遊びに興じる下町の悪ガキどものたくましい世界が垣間見える。

野球は、その悪ガキどもにとって最も心躍る遊びの一つだった。子どもたちは、どんなかたちであれ野球に参加したがった。たけしの友だちの中に、家庭の事情で妹の面倒を見なければならない友だちがいた。そこで彼は、妹を背中におぶったままレフトを守った。だが、おぶっているから打席には立てない。守るだけである。妹が泣きだすと、おしめを替えるために家に帰らなければならない。それでも仲間に入って野球をやりたがったという。

たけしも小2の頃から野球に夢中になった。当時のプロ野球のスーパースターは巨人の川上哲治（長嶋茂雄が立教大学から巨人に入団したのは1957年で、もう少し後のことである）。たけしも川上のポジションであるファーストを守り、毎日のように荒川の原っぱに集まって仲間と練習した。中学では野球部に入り、地元の野球チームにも参加した。だいぶ後の話になるが、弟子たちからなるたけし軍団を結成すると、超多忙なスケジュールの合間を縫って草野球に熱中していたことを覚えているファンも多いはずだ。

母の教育

しかし、母親のさきは、たけしが野球をすることを厳しく禁じた。友だちとキャッチボールでもやっていようものなら、後ろからいきなり殴られ、家に連れ戻された。たけしは、他の遊び道具とともにグローブを家の庭の土中に埋めて隠すという対抗策に出た。ところがある日、遊びに行くために掘り起こすと、なかには母親が埋めた参考書が入っていたという。

さきは、超が付くほど教育熱心だったのである。家庭内の実権を握っていたのはさきであった（たけしによれば、さきは再婚であった。最初の結婚相手は海軍中尉で、さき自身も師範学校を出ていたという。ただしその真偽は明らかでないところもある）。一方、父親の菊次郎は、小学校も十分に通わず、字もほとんど書けなかった。必然的に子どもの教育は、母親のさきが一手に引き受けるかたちになった。

たけしの生まれ育った地域は当時、職人や工員として働く人が多く、ほとんどの人が中学までしか出ていなかった。さきは、そうしたなかで子どもたちが貧乏から脱するには学歴しかないと信じていた。次兄の北野大も、さきは「「貧乏」の悪循環を断ち切るには教育しかないと信じて」いたと述懐している（『菊次郎とさき』新潮文庫版）。その気持ちが、たけしが野球をするのを一切禁じるという厳しい態度となって表れたのである。

例えば、たけしの兄たちが夜に勉強しているところに菊次郎がいつものように酔っ払って帰宅し、子どもたちにしつこく絡んでくる。するとさきは、子どもたちを外へ連れ出し、街灯の下で勉強を続けさせた。さきはその時、自転車に取り付けるライトのようなものを持参して兄たちの本を照らし、腹が空けば、作ってきた塩むすびを食べさせた。さきの方針はこのように徹底していた。

たけしの2人の兄は、母親の期待にしっかり応えた。長兄は英語に堪能で、高校生ぐらいのときには原書を読んでいた。進駐軍の米兵相手に通訳の仕事もやっていて、家にはPX（Post Exchange の略。進駐軍関係者向けの売店）で売られているハムやチョコ、たばこなどもあった。後に夜間高校の教師になり、家計を支えた。北野家が近所で一番早くテレビを買えたのも、この長兄のおかげだった。

テレビのコメンテーターとしても活躍した次兄の大は、製薬会社にいったん就職した後、大学院に進学し、研究者の道へ進んだ。大も長兄と同じく、英語を学ぼうと文系学部を受験し合格したのだが、さきが理系に進むよう強く望んだために、二次募集で明治大学工学部に進学した。そして、たけしも大に続いて、明治大学工学部へ進むことになる。1965年のことである。

さきが、子どもたちを工学部に進ませようとしたのは、同じ大学に行くにしても、それが貧乏から脱する近道だと考えたからである。

大とたけしが大学に入学した1960年代は、高度経済成長が本格的に軌道に乗った時期である。経済成長を牽引したのは製造業や化学工業などの工業であった。たけしは母親さきの当時の胸中をこう推察する。「おふくろはどこかで感づいたんじゃないか。これからは工業っていうか、理科系の仕事が増えるのが間違いないと思ったんじゃないか。エンジニアとかそういう職業に就くことが、いちばん安定しているというふうに」（『愛でもくらえ』）。

しかも、1947年生まれのたけしは「団塊の世代」である。いわゆるベビーブーム世代であり、とりわけ人数の多い世代だった。たけしが入学した中学は、一学年13クラスもあったという。当然、競争も激しくなる。そうしたなかで、子どもに高い学歴を身につけさせようと教育熱心な母親が増え、「教育ママ」と呼ばれ始めた。ちょうど団塊の世代が、高校・大学受験期を迎えた頃だった。たけしの家庭は、その意味では特別ではなかったのである。

「みな嘘っ八」にみえた新宿時代

さきは、子どもたちが文科系のものに興味を示すことを忌み嫌っていた。理科系との比較の問題ではなく、文科系的なもの自体に否定的な考えを強く持っていたようだ。

子どもたちが小説や漫画を読んだり、音楽を聞いたりしていると、ものすごい勢いで怒った。特に小説などを読んでいると「アカ」になる、反政府的な考え方を持ってしまうと信じていたようだ。その結果、たけしは大学に入学するまで、小説の類は一切読んだことがなかったという。

1960年代後半、大学当局による学生管理の強化や学費値上げに対し、学生たちの反発・不満は高まっていた。フランスの五月革命など、若者の反体制運動が世界的に盛んになるなか、日本ではベトナム反戦運動などと結びつき、既存の党派に属さない一般の学生が運動組織をつくるようになった。それが全学共闘会議、略して全共闘である。1968年から69年にかけて、日大や東大をはじめとして全国に全共闘の運動は広がり、デモやバリケード封鎖など大学当局への激しい抗議活動が繰り広げられた。その中心となったのが、たけしの属する団塊の世代だった。要するに、団塊の世代は全共闘世代でもあった。

入学後まもなく大学に行かなくなったたけしは、新宿のジャズ喫茶に入り浸るようになる。そこでたけしは、同年代の全共闘の学生たちから議論を持ちかけられるようになった。マルクス、レーニン、サルトルといった思想家の名前や実存主義といった単語は、文科系の書物に触れてこなかったたけしにとって、全く耳になじみのないものばかりだった。仕方なくサルトルの本を手に取ったがよく理解できず、全共闘による学生運動に進んで参加することもなかった。

そのうち学生運動は激しさを増し、たけしは新宿のジャズ喫茶のボーイをするなど、アルバイト生活に明け暮れるようになった。バイト先のジャズ喫茶の一つ、「ビレッジバンガード」には、1968年に連続射殺事件を起こした永山則夫もアルバイトで働いていた（ただし、たけしは遅番で永山は早番であったため、面識はなかった。この店の常連には、後に作家になった中上健次もいた。中上とたけしは、同じ時期の羽田空港で荷役のアルバイトをしていたこともあった）。

永山は1949年生まれなので、やはり団塊の世代である。北海道に生まれ、極貧の生活を送ったが、たけしが大学に入学した1965年に、集団就職で上京した。大学進学と集団就職は、団塊の世代の若者がたどった典型的かつ対照的な二つの進路だと言えるだろう。高度経済成長期に入って学歴が重視されるようになったが、経済的な事情のために進学できなかった地方出身者もまだ少なくなかった。一方、都市部の比較的裕福な家庭の子弟は、大学に進学しやすい環境にあった。だが、たけしの家庭のように、貧乏から脱出するために子どもに学歴を手に入れさせようと懸命になったケースもあった。

しかし、たけしは結局、大学にはなじめず、ますますキャンパスから足が遠のいた。そうこうするうち、全共闘運動も下火になった。そんな中で行き場を失った若者たちはドロップアウトし、ヒッピーやハプニング（街頭演劇や路上パフォーマンスなど、既存の概念にとらわれない前衛芸術の一形態）、ドラッグなど「新風俗」と呼ばれる反体制文化に染まっていった。

たけしもまた定職には就かず、ぶらぶら過ごすフーテンを決め込んだ。新宿の街中の「喫茶店では、さびしがり屋のフーテンたちが毎日のようにたむろして集まり、演劇論や映画論、芸術論なんてのを相手かまわず吹っかけていた」（『浅草キッド』）。たけしが当時入り浸っていた喫茶店に新宿風月堂がある。風月堂は紀伊國屋書店本店、新宿西口広場とともにヒッピー文化など反体制文化の拠点になっていた。

ところがたけしは、そうした雰囲気にもなじめなかった。「なにかみな嘘っ八のように聞こえてしかたなかった」（同書）。フーテンにも、宿無しフーテンと通いフーテンがいた。

本格的に新宿に居ついているのが宿無しフーテン。それに対し、通いフーテンには帰る家があり、新宿に出てくるとコインロッカーで着替え、わざと汚い格好をする。たけしは、知り合いのフーテンの後をつけたことがあった。するとその男は田園調布駅で降りて、立派な家に入っていったという。

結局、こうした若者たちの多くにとって、新風俗は一時の流行にすぎなかった。その波が去ると、普通に就職してサラリーマンになったり、家業を継いだりした。「とにかく将来はなんとでもなるという、ポケットの中に安全牌を隠し持っているやつばかりだった」（同書）。つまり反体制はポーズにすぎなかった。たけしから見れば「嘘っ八」だったのである。

ここで思い出されるのは、前に述べたタモリの、「偽善」に対する嫌悪感である。それは、たけしが言うところの「嘘っ八」への嗅覚と同質のものだろう。世間のルールであれ、高尚な議論であれ、2人はそこに体裁を繕う偽りや嘘を敏感に感じ取った。そこには〝子ども〟の視点がある。タモリが幼稚園児の頃から「偽善」に気づき、たけしは下町の悪ガキだった頃から貧乏の子と金持ちの子は本質的に感性が違うことに気づいていたように（『たけしくん、ハイ！』）。

けれども、タモリの場合、ジャズとの出会いを通じて、「偽善」から離れたところで付き合える仲間を見つけられた。新宿のスナックはその象徴である。それに比べて、同じ新宿で過ごした時代でも、たけしは孤独だった。だから、「嘘っ八」だと思っていても、自分もフーテンの輪の中に入っていくしかなかったのだろう。そして新風俗の流行も終わり、フーテンたちが当たり前のように「安全牌」の暮らしへと戻っていったとき、たけしだけが取り残された。その後、タクシー運転手の仕事もしたが、それもやめた。そして途方に暮れたたけしが最後にたどりついたのが浅草だった。そこでたけしは、芸人への第一歩を踏み出すことになる。1972年夏のことであった。

即興芸としてのコント

それにしてもなぜ浅草だったのか？

「一生フーテンやっていくのかよ。一生ジャズ喫茶のボーイで終わるつもりなのかよ。（中略）一生をかけてやってみるような、おまえの仕事はないのかよ。（中略）そんなとき、突然考えついてしまったことがあった。／「浅草へ行って芸人になろう」、なんてだ。／本当になんでそんなことを思い立ったのだろうか。だけど、思い立ってしまったのだからしかたがない」（『浅草キッド』）

ここでのたけしは、自分でも浅草へ向かった理由ははっきりしないと語っている。だが、下町で育ったたけしにとって、浅草は親しみのある街だったのは間違いない。「なんだろう、浅草のほうが、気安かったんだね。（中略）あの当時、寺山修司さんの『天井桟敷』とか、あと黒テントとか劇団がいっぱいあったでしょう。新宿に集まる役者とかがワイワイいってる話が、なに言ってんだか全然わからないんだ。それだったら浅草の演芸場で、漫才師の話はよくわかってる。子供の時から見ているから」（『愛でもくらえ』）

だからと言って、すぐに漫才の道へ進んだわけではなかった。たけしは浅草行きの動機をこのようにも語っている。「なにかやらなくっちゃと思い、最初に考えたのが芝居だった。友達に芝居やってたのが多かったし、オレも好きだったから」（『真説「たけし！」』）

つまり、新宿で役者たちが交わす演劇論や芸術論にはなじめなかったが、芝居をすること自体には興味があった。だから、芸人を目指したたけしは、まず喜劇役者になろうとした。最初に松竹演芸場に行ったが門前払いを食わされ、浅草六区（1873〔明治6〕年の太政官布告により浅草寺境内が公園に指定され、その後、一区から七区に分けられた。そのうち六区が新興の興行街として開発され、戦後まで繁華街の中心地として栄えた）を当てもなく歩いている時に目についたのが浅草フランス座だった。フランス座はストリップ劇場だが、幕間にコントの上演があり、人気が出る前のコント55号が出演していた劇場としても知られていた。たけしの芸人人生は、ここからスタートすることとなる。

フランス座のエレベーター係や舞台の進行係など裏方の仕事をしながら、たけしはコントの舞台に立った。「コント」と聞くと、昨今のテレビにおけるネタ番組のようにセリフがすべて決まっている、かっちりしたものを想像するかもしれないが、それとは違っていた。役柄と簡単な筋はあらかじめ決まっているが、基本はアドリブだった。例えば、警官と不審者のコントでは、まず不審者を見咎めた警官が職務質問を始める、そして最後には犯罪がばれた不審者が逃げ出し、警官が追いかけて終わるというように、役柄と簡単な筋書きはある。だが、肝心の職務質問の部分は、役者のアドリブ合戦になる。

だから、観客にウケるかどうかは役者の力量に負うところが大きかった。大いに観客の笑いが起こった時には、アドリブがアドリブを生んで長時間のコントになることもあった。そのスタイルをたけしは、師匠の深見千三郎から学び、実際に舞台に立って場数を重ねるなかで自分のものにしていった。そのうち、「フランス座にすごい芸人がいる」と評判になり、たけしを見にフランス座に足を運ぶ芸人も出てきたという。

ここでタモリと比較すると、興味深いものが見えてくる。タモリの密室芸は、ジャズ演奏でのアドリブの感覚を生かした即興芸であること、それがタモリ一人でなく、周りの仲間とのセッション的な掛け合いの中で発展したものであることはすでに述べた。たけしのコントにも、それと似た構図がある。コントでの笑いもまた、掛け合いの笑いである。自分だけがウケればいいということではない。たけしのツッコミは、相手に面白いボケが生まれるようにアシストする。そこにさらに鋭いツッコミを入れることでネタはどんどん発展し、笑いも増幅していく（浅草出身のコント55号・萩本欽一は、この関係をフリとコナシという言葉で説明している）。

「ひとり団塊世代」たけし

しかしそれだけに、タモリとたけしが、それぞれ芸をめぐって置かれていた環境の違いにも気づく。

前述したように、タモリには即興芸を一緒に作り上げ楽しむ仲間がいた。その仲間たちは、タモリにとって観客でもあった。一方、たけしの即興芸にはいつも劇場の観客がいた。この違いはもちろん、アマとプロの違いでもある。だからこそ、たけしは修業というかたちで、ひたすら自分の芸を磨くしかなかった。その点では、新宿時代からたけしが抱えていた孤独は、根本的に解消されることはなかったのではないだろうか。

ただ浅草という街そのものには、孤独であったたけしが足を向ける理由があった。

たけしが語る浅草時代のエピソードには、たくさんの変わった人びとが登場する。映画館で上映中の映画の主役がやられそうになると、日本刀を持って敵役に切りかかり、スクリーンを破ってしまうヤクザのセイちゃん。真冬でも絶対に服を着ないホームレスの浅草ターザン。指名手配中で、実演中に刑事がいることに気づいて下着のまま逃げ出したストリッパー。こうした人たちを、たけしは「高度成長に取り残されたヘンテコリンな連中」と呼ぶ（『コマネチ！』）。

つまり、当時の浅草自体が「時代から取り残された街」でもあった。

そんな浅草も、近年では東京スカイツリーが開業したり訪日外国人が増加したりして、往年の賑わいを取り戻しつつある（コロナ禍で打撃を受けているが）。だが1970年代の浅草は、かつて東京一の繁華街として栄えた面影が消えかかっていた。明治時代から、演劇やオペラ、映画など娯楽の中心地として隆盛を誇った浅草は、戦後も浅草六区を中心に軽演劇、ストリップ、映画の街として賑わっていた。ところが高度経済成長期になると、その賑わいに陰りが見え始めた。テレビが普及し、映画の観客人口が激減したからである。それは、明治時代に初の映画専門館が生まれ、映画館の街としての歴史を持つ浅草にとって大きな打撃だった。1960年代半ばから、東京の繁華街の中心は、浅草から池袋、新宿、渋谷へと移っていった。

皮肉な話だが、このように寂れかかった浅草だからこそ、高度経済成長から取り残された人々は、他の街では見つけられなかった自分の居場所を見つけることができた。たけしもまた、同じような境遇の一人だった。新宿を離れて浅草に向かったたけしは、まさに時代の流れに逆行していたことになる。

フランス座で同僚だった井上雅義によれば、当時飲むと口癖のように「オレ、人生切ってきたから」と言っていたという。たけしがそこで言おうとしていたのは、「学歴もコネもない人間が出世しようとしても無理だ。オレは大学には一週間しか行かず、あとはバイト、バイトのフーテン生活。なりたいと思ったものになれないで挫折するのは社会の落ちこぼれだが、オレたちは最初から社会をはみ出しちゃったドロップアウトの組だ。オレはそれでいいと思っている」（井上『幸せだったかな ビートたけし伝』）ということだった。そんなたけしにとって、「過去の生活も出身や生い立ちもいっさい問うことなく、ふらりと立ち寄った人間を黙って受け入れてくれる」浅草は、居場所として最適の土地だった（同書）。

しかし井上は、そうしたたけしの言葉の裏側に、「ドロップアウトのどん底からスタートしたからには社会の間隙を狙ってどんな形ででもいいから抜け出てやろうという野心の炎」（同書）を見てとっていた。そこには、体制に組み入れられることに反発し続ける一方で、成功や出世への強い欲望も抱いているという、矛盾した二つの顔が見える。

だがそれは、たけしだけでなく、団塊の世代自体が抱えていた矛盾でもあったのではないか。他の世代と比べて人数の多いかれらが、高度経済成長期の競争原理の中に置かれたとき、成功への願望と失敗への不安は、同じくらいの重みがあっただろう。むろん、団塊の世代のほとんどの人間は、本気でドロップアウトすることはなかった。そんな中にあってたけしは、団塊の世代が抱え込んだ矛盾を、誰に頼まれたわけでもないのに忠実に生きていた。いわばたけしは、「ひとり団塊世代」だったのである。

コントから漫才へ

そうして数年が経った頃、フランス座の出し物に異変が起こった。コントが幕間のメインではなくなったのである。そこに持ち込まれたのが、兼子二郎との漫才コンビ結成の話である。コントにこだわりを持っていたたけしは当初乗り気ではなかったが、フランス座での出番が減っていたこともあり、漫才師への転身を図っていくことになった。

そこからまた紆余曲折があった。他の芸人とコンビを組んだこともあったが、結局、兼子とコンビを組むことになった。兼子との三度目のコンビ結成でついた名前が「ツービート」だった。その間にたけしがネタを書くようになり、それが次第に評判を呼び始めた。

例えば、こんなネタが演芸場で大爆笑をとっていた。

「こないだも年寄りには親切にしなきゃって近道を教えてやってね。ジイさん、ありがたがって高速道路をてくてく歩いて行きましたから」「高速道路なんか歩かせるな。車に轢かれるだろうっての」「ジイさんの頭でもみ消すタバコの火ってね」「よしなさいっての」「注意一秒ケガ一生、車に飛び込め元気な子ってね」「元気じゃないよ、そんなもの」「赤信号、みんなで渡ればこわくない」「なにをバカなことといってるんだ、おまえは」（井上、前掲書）。前出の井上によれば、後にたけしの代名詞となった過激な毒舌ネタ、いわゆる「毒ガスギャグ」は、この頃すでに確立されていたのである。

破天荒だったのは、ネタだけではない。他の芸人の衣装を勝手に着て舞台に出たり、自分たちのネタがウケないと、客のセンスが悪いと悪態をついてさっさと舞台を降りたりするのは日常茶飯事だった。また「寝たきり漫才」と称して、舞台に出るなり二人とも横になって、寝たままで漫才を始めたりもした。

つまり、ツービートは、浅草芸人の伝統的なスタイルを打ち破ろうとしていた。当時のたけしについて、ある先輩芸人は次のように振り返っている。「たけしは浅草の芸人気質じゃないからね。浅草芸人のふりをしてるけど、会った当初からやつには新宿の匂いがして、ああ、浅草じゃないなって俺は感じたもの。新宿でデモなんかやってた学生運動あがりだろうってね」（同書）。

前述したように、たけしは実際には学生運動に入れ込んではいなかった。しかしそこに、

「ひとり団塊世代」であるたけしの反体制的な精神を感じ取っていた人がいたことを示す証言だと言えるだろう。

それもあって、ツービートの漫才は、なかなか評価されなかった。たけしが自信をもって臨んだＮＨＫ新人漫才コンクールでも三年続けて最優秀賞を逃し、テレビに出ても賑やかしの添え物的な扱いに甘んじていた。

そこに突然、降って湧いたように巻き起こったのが、１９８０年代初頭の漫才ブームだった。その中で漫才は、旧来のそれと比べて遥かにスピーディなものとなっただけでなく、建前ではなく本音を前面に押し出すことで、若い世代に熱狂的に支持された。そこにツービートの過激な「毒ガスギャグ」はフィットした。ここから、芸人・ビートたけしの快進撃は始まることになる。

理想の悪ガキ

大学に入ったものの、当時は学生運動が真っ盛り。ほどなく授業に出なくなり、新宿でアルバイト生活の日々。フーテン生活を決め込んでみたものの、周囲になじめず新宿を離れ、浅草で芸人を志す。

こう書くと、確かに紆余曲折の半生、流転の日々ではある。しかし、その根底に一貫してあったのは、生まれ育った下町で培われた「悪ガキ」的感性だったのではないか。「ガキの頃から家の中で、親父やお袋に散々鍛えられて、自分の好みを通すには、口で相手を言い負かす以外ない」ことを悟ったたけしは、唯々諾々と親の言うことを聞く「いい子」ではなく「悪ガキ」であるしか選択肢がなかった。

そしてそれは、全共闘世代でもあった団塊の世代の世代的立ち位置でもあっただろう。もちろん学生運動には、資本主義を打倒するという名目も、そのための理論武装もあった。しかし一方で、それは「いい子」のままでいたくないという親世代への反抗、世代間闘争でもあった。大人の理屈に言い負けたりせず、簡単には権威に屈しないこと。何よりそれが重要だったのであり、その意味で「悪ガキ」であることは、団塊の世代にとって理想のあり方だった。

だから、漫才ブームにおいてビートたけしが絶大な人気を得た理由を聞かれたなら、それはたけしが〝理想の悪ガキ〟を体現していたからだ、と答えたい。先述したように、たけしは、マルクスやサルトルといった哲学的議論にはまったくなじめなかった。だが、大人の痛いところを言葉で衝く鍛錬は、誰よりも幼いころから積んでいた。

別の角度から言えば、団塊の世代が反抗した相手は、自立した個人同士が言論を戦わせる西欧近代的な市民社会というよりは、暗黙の了解で既存のルールや価値観に従わせようとする日本的な世間であった、ということになるだろう。

興味深いことに、「赤信号みんなで渡ればこわくない」というギャグで批判の対象となっているのも、やはり世間である。個人が能動的に判断して行動するのではなく、「右にならえ」的な感覚のほうが勝ってしまう世の中を、たけしは批判した。それでも世間はそれを笑い、支持した。

ここには、「笑う社会」が有する一種の柔構造がうかがえる。「笑う社会」の正体は、自らへの批判を吸収してしまうような柔構造を備えた世間である。この点については、4章で改めて触れる機会があるだろう。

ところで、浅草出身のツービートは、漫才ブームの中核を担った若手漫才コンビの中で異端であった。先述したように、ザ・ぼんち、紳助・竜介、西川のりお・上方よしおなど、ほとんどが吉本興業所属の芸人だったからである。東京を活動の拠点にしていたB&Bの二人も、もとはやはり吉本の所属だった。

つまり、漫才ブームには「吉本ブーム」という側面があった。「みんなはMANZAIブーム、マンザイブームって騒いでましたけど、テレビでブームになってるのは関西系の漫才師がほとんどで、ボクらは吉本ブームだといってましたよ」(井上、前掲書)。これは当時の浅草の漫才師の言葉だが、彼らの目にはこう映っていたのである。そしてビッグ3においてその吉本的な部分を担ったのが、明石家さんまであった。

3　笑いの教育者・明石家さんま

学校の人気者

明石家さんまは、とにかく笑いに貪欲だ。バラエティ番組の収録スタジオを「ここは戦場や！」と言い放ち、アシストしたのに共演者が笑いを取り損ねた時には厳しくダメ出しすることも珍しくない。そんなさんまを後輩の芸人たちは「お笑い怪獣」と呼び、半分ネタにしながら半分、畏怖する。お笑い芸人が笑いに貪欲なのは、当然と言えば当然だ。だが笑いに対するさんまの飽くなき執念は、次元が違うということなのだろう。ではそれは、どのような環境の中で培われたものなのだろうか？

明石家さんまこと杉本高文《たかふみ》は、1955年7月1日、和歌山県に生まれ、幼い時に奈良県に移り住んだ。55年生まれだから、「しらけ世代」に当たる。ただ、常に周囲に笑いを巻き起こし、「ファーッ」という引き笑いの印象的なさんまの姿からは「しらけ」という言葉はイメージしづらい。この「しらけ」は、先述したように、大学生に見られる「モラトリアム」感覚とつながりが深いものだった。タモリやたけしと違って大学に進学しなかったさんまは、その意味でも「しらけ」とは縁遠く見える。

しかし、このようにも捉えられないだろうか。「しらけ」というのは、すでに述べたように社会・政治の情勢に無関心なことである。さんまの笑いにも、政治風刺や社会批判の要素は全くといっていいほど見られない。さんまが好んで提供するのは、理屈抜きの笑いである。つまり、根底に「しらけ＝政治的無関心」があるがゆえに、理屈抜きの笑いに集中できる面があるのではなかろうか。だからさんまにとって、「しらけ世代」であることと笑いへの貪欲さは矛盾しないのである。

さんまがそうしたスタンスでいられたのは、生まれ育った関西という風土からの影響も大きかっただろう。お笑い文化が日常に根付いた関西では、学校で笑いを取ることができる人気者は「吉本に行け」と言われるという話は、よく耳にするところだ。紛れもなくさんまも、学校の人気者だった。

さんまは、「笑いをとるのが生きがいの青春時代」を送り、「十七歳が笑いの頂点」だったと、事あるごとに語っている。高校生の時、自分が所属するサッカー部の部室で野球選手の形態模写をやって仲間を笑わせ、文化祭で二時間の「杉本高文ショー」をやるなど、まさに学校の人気者だった。学校で「芸能人人気投票」をやったとき、1位は郷ひろみ、2位は西城秀樹と、本物の芸能人が並ぶ中で、一人だけ「杉本高文」が7位にランクされたこともあったという。そしてさんまもやはり、担任の教師から「吉本に行け」と勧められた（『さんまのまんま』関西テレビ、2011年7月2日放送回における発言）。

実際、さんまは、高校生の時から学校をさぼって、大阪にある吉本の劇場「なんば花月」に通うようになっていた。朝、学校の出席だけ取ってなんば花月へ直行、そこで演芸を見た後、学校に戻って部活のサッカーに明け暮れる毎日だった。

劇場でさまざまな芸人を見た中で、さんまが唯一本気で笑ってしまったのが、落語家の笑福亭松之助だった。松之助作の新作落語「TVアラカルト」がその時のネタだった。「CMと書いてコマーシャル、私知らなかったもんですから、最初センチメートルと読んでました」というくだりや、当時放送が始まったばかりの「仮面ライダー」について「（主人公の）一文字隼人という男が砂糖壺みたいな面被って〜」というところの「砂糖壺みたいな面」という言葉選びのセンスに、さんまは感動したのである（『本人』11号）。そして1974年、高校を卒業する間際に松之助の弟子となり、彼の芸人人生が始まった。

落語家からタレントへ

弟子となったさんまは、師匠である松之助の家まで毎朝、早い時間に通い、師匠の子どもたちの送り迎え、掃除、留守番などをしながら、合間に松之助から落語の稽古をつけてもらう日々を過ごした。そのうち高座にも上るようになった。師匠にも言われ、さんま自身、落語で食べていくのは大変だと覚悟していた。その当時、「夢は？」と聞かれたら「浴衣でアヒルを連れて散歩する生活が夢だ」（「アヒル一匹だけ食わせられるようになれば御の字」という意）と答えていたという（『本人』11号）。

近年、吉本の芸人は、直営の養成学校であるNSC（吉本総合芸能学院）を卒業して芸人になるルートがすっかり主流となっているが、さんまが弟子入りした頃はまだ養成学校そのものが存在していなかった。しかし、タレントになるというのであれば、わざわざ弟子入りして修業せずともなれる道はあったはずである。それでもさんまは、そうしなかった。伝統的な師弟関係を選び、そこでのしきたりにきわめて忠実だった（弟子入り直後に高校時代の同級生と駆け落ちして、いったん芸人をやめているが、復帰時には再び松之助の下に戻っている。）。後に再び触れるテレビ番組『ヤングおー！おー！』のレギュラー出演についても、さんまは一度、断っている。その理由は、さんまが世話になっていた兄弟子がいったんそのレギュラーに内定していたにもかかわらず、それが白紙になり、さんまに声がかかったからである。だが師匠の松之助から「プロの世界はそういうもの」と諭され、結局引き受けた。

こうして、タレントとしてのさんまの才能を見込んだ吉本サイドからの勧めもあって、さんまはタレント業をメインにするようになる。それまでさんまは落語家「笑福亭さんま」として活動していたが、これをきっかけに「明石家さんま」と改名した（「明石」は松之助の本名「明石徳三」からとったものである。本人がよく口にしている話だが、「さんま」という芸名は、父親がさんまの加工業を営んでいたことにちなんでいる）。

同じく師弟関係を経てタレントになったたけしと違い、さんまの場合、弟子をとっていない（ジミー大西がそれに近いが、厳密には異なる）。吉本興業がNSCを設立したのは1982年。次章でも触れるが、漫才ブームの到来で多くの若手芸人が一挙に人気者となり、芸人志望者が増えたことがきっかけだった。そして、第1期生の中からダウンタウンを輩出したこともあり、伝統的な師弟関係を経ずに芸人になる道が大きくクローズアップされた。要するに、さんまは師弟関係の存在を当然と考える最後の世代に当たっていた。

師匠と弟子の関係と、先輩と後輩の関係は、同じタテの関係でもだいぶ違っている。相手が師匠であれば、たとえ理不尽な理由で怒られても逆らうことはしない。その裏側に自分への愛情があると知っているからである。だが相手が先輩であれば、そこまでの絶対的な上下関係にはならない。

吉本興業所属でさんまと同期の芸人に島田紳助やオール巨人がいる。二人ともさんまと同じく弟子入りして芸人の世界に入った。ある時、オール巨人が師弟関係の感覚のまま、先輩としての責任感からNSCの後輩を叱っていたところ、相手はその意図を汲まず、オール巨人の悪い評判が立った。そこでさんまと紳助は、時代の変化を説いて、オール巨人に師弟関係のノリで叱るのをやめさせたという。

このように、芸人の世界が大きく変わっていく中で、さんまは生きなければならなかった。それは、人間関係の問題だけでなく、芸の問題でもあった。

落語家の桂三枝（現・六代目桂文枝）は、さんまと落語の関係についてこのように評している。「さんま君は創作落語というのがしっくりいっていませんでした。彼のなかでは落語は自由演技ではなく規定演技という意識が強いんです。自分でも「若い頃、〝これほどきっちりやる噺家はいない〟って言われてたんや」と言っていたようですが、本当にそうでした」（桂『桂三枝という生き方』）。三枝はそこに、さんまと笑福亭鶴瓶との違いを見る。鶴瓶もまたさんまと同様に、日常のエピソードを面白おかしく話すフリートークの達人だが、それも落語の一種という捉え方をしている。だからこそ鶴瓶は、50歳を過ぎてから古典落語に自然に取り組むことができた。しかし、さんまにとってフリートークは落語ではないという意識が強い（同書）。

つまり、さんまにとって、高座での落語とラジオやテレビでのしゃべりは別物なのである。落語の世界にも創作落語があり、その意味では両者に大きな違いはないように見える。

しかし、さんまにとってはそうではない。おそらくさんまにとって、高座とラジオ・テレビの違いのほうが、古典落語と創作落語の違いよりも大きいということなのではないだろうか。言い換えるなら、同じ話をするにしても、高座には高座の、マスメディアにはマスメディアの伝え方があると、さんまは感じていたのではないか。

吉本新喜劇とテレビ、その密接な関係

実は師匠の笑福亭松之助にも、タレントとしての顔があった。その主な舞台となったのが、吉本新喜劇だった。

ここで、吉本新喜劇が発足するまでの、吉本興業の歴史に簡単に触れておきたい。

吉本興業の設立は1912年にさかのぼる。この年、吉本吉兵衛とせいの夫婦が寄席経営に乗り出したところから、吉本興業の歴史は始まった。その後、吉本興業は経営を拡大して寄席をチェーン展開するとともに、落語の初代桂春団治、漫才の横山エンタツ・花菱アチャコといったスターを得て、演芸界の中心的存在になっていった。

ところが、戦時中の空襲で大阪、東京などにあった吉本興業の寄席、演芸場が焼失してしまう。そこで当時の社長であった林正之助《しょうのすけ》は演芸興行を断念し、映画の制作・興行へとその業態を転換させた。映画が娯楽のトップに君臨していた時代ということもあって業績

は伸び、吉本興業は再び勢いを盛り返した。

そうしたなか、事業部次長の八田竹男《はったたけお》は1958年に、社長の林に演芸を再開するよう進言する。映画中心の経営が順調だった林は当初渋ったが、結局は折れて、吉本興業は演芸興行を再開することとなった。そして59年3月1日、演芸場「うめだ花月」が開場した。

だがそれは、演芸興行の復活だけにとどまらなかった。なぜなら、こけら落とし興行である花菱アチャコ主演「迷月赤城山」の初日の模様を、ちょうどこの日にテレビ放送を開始した毎日放送が生中継したからである。

八田は、これからは映画に代わってテレビの時代がやって来ると考えていた。NHKのテレビ契約数は本放送開始から5年目の1958年に一〇〇万台に達し、関西の民放各局もテレビ放送をすでに開始していた。その中で唯一出遅れていた毎日放送が遅れを取り戻すべく考えたのが、この生中継だった。テレビ中継の効果がすぐに出たわけではなかったが、花月で上演されるコメディを毎週日曜正午から中継する番組『日曜お笑い劇場』が59年11月から始まると、次第に客の入りがよくなっていった。

その際、吉本興業が意識したのは、先行する松竹新喜劇の存在だった。松竹新喜劇は渋谷天外や藤山寛美といった看板役者を擁し、笑いと涙の人情喜劇として、すでに確固たる地位を築いていた。こうしたなかで、後発の吉本興業は、松竹新喜劇とは正反対の「徹底的なドタバタ喜劇」を目指すことにした。役者は猛烈な早口でセリフをしゃべるだけでなく、「こける」「どつく」といったアクション、アドリブ、ギャグを連発した。そして当初、「吉本ヴァラエティ」と呼ばれていたこのコメディは、1962年に名称を改め、現在も続く「吉本新喜劇」となった。

笑福亭松之助は、「吉本ヴァラエティ」と呼ばれていた頃の吉本新喜劇の中心メンバーであった。松之助が五代目笑福亭松鶴に入門して落語家となったのは1948年のことである。だが、もともと喜劇役者になりたかった松之助は、1951年に宝塚新芸座に入り、喜劇役者となった。59年には吉本興業に移籍し、座長を務めるとともに自ら台本も手掛けた。そのとき松之助が八田竹男から注文されたのは、〝筋よりも笑い〟だった。八田はこう言ったという。「うちの芝居は、前のほうを見ていなければ筋が理解できない、というようなことでは困るんだ。便所に立ったお客さんでも、戻ってくると、すぐに笑える。そういう芝居を書いて欲しいんだよ」（難波『小説　吉本興業』）。

この頃、松之助は、朝日放送の人気コメディ番組『スチャラカ社員』（1961年放送開始）にも出演していた。架空の会社「海山物産」の大阪支店を舞台に社員たちがドタバタ喜劇を繰り広げるこの番組は、ミヤコ蝶々、中田ダイマル・ラケット、白木みのる、そして松之助と、当時の大物スターコメディアンが大挙出演するという鳴り物入りで始まった。

ところが当初、視聴率は芳しくなかった。そこで演出の澤田隆治は一計を案じた。観客を入れずにスタジオで収録されていた番組を、ホールでの公開収録に切り替えたのである。「吉本ヴァラエティ」の舞台中継のような弾ける笑いがないことが、低視聴率の原因だと澤田は考えた（『上方放送お笑い史』）。澤田の策は見事に的中し、これをきっかけに『スチャラカ社員』は人気番組になった。

このように、吉本の笑いとテレビは、最初から不可分の関係にあった。ここから、ストーリーよりもお決まりのギャグやアクションをこれでもかと繰り返す笑い、いわゆる「コテコテの笑い」が、お茶の間に浸透していった。これ以降、関西の笑いと言えば吉本の笑いというイメージが視聴者の間に定着していったと言ってよいだろう。そしてその中に、子どもだったさんまもいた。

最初のテレビっ子芸人

さんまのテレビ好きは筋金入りである。話題になったものだけでなく、あまり誰も見ていないような番組まで見ていて共演者を驚かせる場面に今でもよく出くわす。世代的にみても、ビッグ3の中で、さんまだけが純粋なテレビ世代である。さんまは1955年の生まれだから、戦後まもなく生まれたタモリやたけしと違い、生まれた時にはテレビ放送はすでに始まっていた。そして物心がつく頃には、吉本新喜劇のテレビ放送が始まっていたわけである。

実際、さんまは幼い頃からテレビがとにかく好きだった。さんまによれば、自分たちは「テレビ全盛期の、一番いいテレビを観てきてる」世代である。どの番組が好きというよりも、それは「テレビというものそのものに驚きを感じて、テレビの中で誰かが歌う、誰かが喋るということに感動しながら、テレビのバラエティ番組が進化していく歴史を見てこられた」からである（『本人』11号）。

だから、本節の冒頭でも触れたように、テレビに出ている人間が笑いに貪欲でなかったりすると、さんまには許せない。「今でもテレビを大切に思いすぎるというか、若手がテレビで手を抜いてるとすごく腹が立つ」。なぜなら、「テレビっていうのはおまえらが思ってるよりも全然すごいもの」であり、「そんなテレビに出てるんやから、もっと頑張らなあかん」と、テレビっ子のさんまは思ってしまうからだ（同誌）。

そして、さんまがテレビに出演するようになった経緯にも、テレビっ子だったことが強く影響している。

さんまがまだなんば花月で前説《まえせつ》をしていたときのことである。ある日、出演を予定していた笑福亭仁鶴が交通事情のために遅れて、なかなか到着しないことがあった。さんまは急遽、時間を引き延ばさなければならなくなった。最初は漫談をやっていたが、それでも仁鶴は劇場に到着しない。

困ったさんまは、高校時代にサッカー部の部室でやっていた相撲取りや野球選手の形態模写を仕方なくやった。それまでそうした形態模写をやっている芸人を見たことがなかったので、ウケる自信は全くなかった。ところがそれが、とんでもなくウケたのである。それをきっかけにさんまの評判が広まり、テレビ出演へとつながっていった。つまり、さんまが高校生の時に友人の前で披露していた、テレビで見るスポーツ選手の物まねが、タレントへの道を開いたのである。

上岡龍太郎は、さんまや鶴瓶を「素人話芸の達人」と形容する（上岡『上岡龍太郎かく語りき』）。その特徴は、リアルなしゃべりである。例えば、さんまや鶴瓶には無駄な言葉が多い。それ以前の芸人なら流暢に語ろうとするところを、「あのう、あれですわ、あの、おとついとちゃう、三日前ですわ。ほれっ、あのー」というように。しかもそれは、実際には何年も前の出来事だったりする。

要するに、ここで〝リアル〟というのは、事実をそのまま話すという意味ではない。まるで、今ここでそれが起こっているように話すことである。その共時性こそがリアリティの源となって、面白さを視聴者に感じさせる。それは、さんまの形態模写にも当てはまるのではないだろうか。それがウケたのは、テレビで見て印象に残ったスポーツ選手の動作を、今そこで起こっているかのようにさんまが演じ、そこに観客がリアリティを感じたからだろう。

そのような笑いは、フジテレビ『とんねるずのみなさんのおかげでした』の人気コーナーだった「細かすぎて伝わらないモノマネ選手権」のように、現在ではむしろスタンダードになっている。しかし、さんまがそれを劇場で初めてやった1970年代には、まだ前例がなかったのである。その意味において、明石家さんまは最初のテレビっ子芸人であった。

転機となった『ヤングおー!おー!』

形態模写で人気を博してテレビ進出を果たしたさんまが、大きくブレイクするきっかけとなったのが、1969年に始まった毎日放送のバラエティ番組『ヤングおー!おー!』だった。

この番組が誕生した背景には、ラジオの深夜放送ブームがあった。1960年代後半に団塊の世代が受験期に入ると、ラジオの若者向け深夜放送が人気を呼ぶようになった。そのDJ(ディスクジョッキー)としてリスナーのアイドル的存在となったのが、笑福亭仁鶴や桂三枝など若手落語家たちだった。さんまのような存在が出てくる土壌は、彼らによって整えられたと言えるだろう。

仁鶴も三枝も、アマチュア時代には素人参加の演芸番組に出演していた。六代目笑福亭松鶴に入門後、仁鶴は1966年に、関西初のオールナイト生放送番組であるラジオ大阪『オーサカ・オールナイト　夜明けまでご一緒に』のDJに抜擢され、スピーディなしゃべりと独特の口調、リズムで、若者たちから絶大な人気を得た。リスナーからのハガキを読む前に発する「どんなんかなー」など、この番組からいくつもの流行語が生まれた。

その仁鶴に続いてブレークしたのが、三枝である。三枝は関西大学で落語研究会を創設し、素人演芸番組で活躍した後、プロの落語家になった。それからほどなくして出演することになったのが、1967年に始まった毎日放送『歌え！ヤングタウン』、通称「ヤンタン」だった。公開収録形式であったこの番組には、毎回、高校生を中心に若者が集まってきた。その中で三枝は、落語家としてはまだ珍しかった大学進学という経歴を生かし、若者の心情に訴えかけるトークを繰り広げた。それだけでなく、「イラッシャーイ」「オヨヨ」など、スタジオでの若者とのやりとりで効果的に使える短いフレーズのギャグを考案し、これが流行語となった。

この「ヤンタン」のテレビ版として構想されたのが、『ヤングおー！おー！』だった。

司会にはすでに人気者となっていた仁鶴と三枝が起用された。若者の電波解放区というコンセプトで、「制服は是か非か」といったテーマで評論家の竹村健一らが若者と議論するコーナーなど、当初はラジオの深夜放送を意識した構成になっていた。

その一方で、この番組は若手芸人の登竜門にもなった。仁鶴と三枝以外にも、月亭可朝や横山やすし・西川きよしなどが出演し、知名度を高めていった。そうした実績ができると、今度は、新人同然の芸人も起用されるようになった。

例えば、1972年に番組内で結成されたグループ「ザ・パンダ」がそうである。桂文珍、月亭八方、桂きん枝（現・四代目桂小文枝）、林家小染という、当時いずれも20代前半の若手落語家で構成され、ゲスト歌手のバックコーラスをするなど、落語の枠を超えた活躍で若者の人気を集めた。

この番組は、吉本興業が劇場中継以外で初めて制作した番組でもあった。劇場中継は、松竹新喜劇なども行ってきた、伝統的なテレビのお笑い番組のスタイルである。それに対して『ヤングおー！おー！』は、ラジオの深夜放送を下敷きにしたコーナー別編成という、新しいお笑い番組のかたちを取り入れ、成功させた。そのことは、吉本新喜劇以来培われてきた〝筋より笑い〟の方向性を推し進めることにもなった。この番組が人気を博して全国ネットで放送されたとき、吉本特有の「コテコテの笑い」は、関西という地域を超えてさらに広がるきっかけを得たと言ってよいだろう。

さんまは、この『ヤングおー！おー！』でも、例の野球選手の形態模写を披露した。プロ野球界でアンダースロー投法で一世を風靡した小林繁の独特な投球フォームや帽子を直すしぐさ、同じくプロ野球選手の掛布雅之がバッターボックスで構えに入るまでユニフォームを触ったりバットの位置を目で確かめたりする仕草の真似である。それがやはりウケた（『本人』11号）。1976年のことである。それを見た三枝がスタッフに進言してレギュラー出演が決まり、「チャッピー」の愛称で人気者になった（79年には「ヤンタン」のパーソナリティにもなった）。そして80年10月、番組を退くことになった三枝に代わって、とうとうメイン司会に抜擢されたのである。

『オレたちひょうきん族』で全国区の存在に

さんまは、漫才ブームの中で虎視眈々と出番をうかがっていた節がある。「世の中が漫才一色になって、「今は漫才ブームの後ろを走らなしゃあない、背中が見えるようについていこう」」というのが、当時の本人の気持ちだった（『本人』11号）。

だが、関西で火がついたさんまの人気は、確実に全国へと広がっていた。きっかけとなったのは『ヤングおー！おー！』だったが、その後、関西圏に限らずさまざまな番組に出演するようになっていく。1979年にはラジオの深夜放送の老舗であるニッポン放送『オールナイトニッポン』のパーソナリティに就任したほか、堺正章主演のTBSドラマ『天皇の料理番』（1980年放送開始）への出演があった（当初、3回の出演という話だったが評判がよく、ずっと出続けることになった）。

そんなさんまが、漫才ブームの流れに直接乗るきっかけとなったのが、フジテレビ『笑ってる場合ですよ！』（1980年放送開始）への出演であった。最初は月一回ネタを披露するかたちでの出演だったが、半年後にレギュラー入りを果たす。そして、この番組と同じ横澤彪らのスタッフによる『オレたちひょうきん族』（1981年放送開始）への出演につながっていく。

『ひょうきん族』にも、ツービート、紳助・竜介、ザ・ぼんちといった、漫才ブームを牽引した若手コンビが大挙して出演した。だが、そこには思い切った改革もあった。出演の基本をコンビ単位ではなく、個人単位にしたのである。「何年もかけて練り上げた芸でも、テレビでは一度見たら飽きられる。ブームが生んだ芸人たちを長持ちさせるためには、持ちネタでない部分、特有のキャラクターに着地点を求める必要があると考えた。そのために、漫才のコンビを解体し、舞台での笑いとは違うテレビ的な笑いを組み立てようとした」と、横澤は言う（横澤、前掲書）。

この決断によって『ひょうきん族』の笑いは、ネタ中心からアドリブ中心へと大きく舵を切ることになった。番組の制作スタイルにもその変化は表れた。従来であれば、放送までに綿密な打ち合わせやリハーサルがあった。台本の読み合わせ、ドライリハーサル（簡単な動きをつけたリハーサル）、カメラリハーサル（衣装姿でのリハーサル）、ランスルー（通し稽古）というように。それに対して『ひょうきん族』では、そうしたやり方をやめた。ドライリハーサルもやらず、段取りだけ決めて、いきなり本番ということすらあった（こうした手法は、裏番組のTBS『8時だョ！全員集合』が、リハーサルの積み重ねによる練り込まれたコントを売りにしていたのを意識して独自色を出すために採用されたという側面もあった）。

この方針転換は、さんまにとって二重の意味で好都合だった。ひとつはコンビの解体によって、さんまは他の出演者と対等の立場で出演できたこと、もうひとつは、アドリブ中心の笑いになることで、誰とでも当意即妙に絡むことができるさんまの特長を最も生かす場ができたことである。

そのことを端的に物語るのが、番組の目玉コーナーである「タケちゃんマン」でのたけしとの絡みである。これにより、さんまの名前は広く知れ渡った。

「タケちゃんマン」は、ヒーローもののパロディで、たけし扮する正義の味方タケちゃんマンと、さんま扮する悪役・ブラックデビルの対決が基本構図である。だが実際は、そうした構図に基づいた物語の展開よりも、最後の対決場面で延々と繰り広げられるアドリブ合戦が大きな見どころだった。例えばタケちゃんマンが、スタジオに用意されたプールにブラックデビルを突き落とすシーンがあったとする。すると、一度だけでいいはずなのに、ブラックデビルは何度も突き落とされ、その都度、リアクションを変えて笑いを取ることを求められる。もちろん最後にはタケちゃんマンも突き落とされて、びしょ濡れになるというオチである。

アドリブに関しては、たけしも得意とするところだった。前述したように、たけしが修業を積んだ浅草でのコントも、基本はアドリブだったからである。

しかし、「タケちゃんマン」でのアドリブ合戦は、最初からたけしに不利なものであった。繰り返しになるが、漫才ブームは、吉本ブームでもあったからである。吉本の笑いとは、ボケに対して必ずツッコむとか、お決まりのギャグに反応して必ず派手にこけるとか、演者間のコンビネーションを基本に決まったパターンを繰り返す「コテコテの笑い」である。そして本節の最初でもふれたように、しらけ世代のさんまは、そうした理屈抜きの笑いを延々と続けることを全く苦にしなかった。それに比べるとたけしは、むしろ言葉のひとであり、論理のひとであった。

自著の中でたけしは、女性用のかつらを被り、おどけた表情をしているさんまの写真に次のようなキャプションを付けた。「TVをやっていて本番中に何人かこいつには負けたと思う奴がいる。その何人かのだいひょうはこいつです」（『コマネチ！』）

「笑いの教育者」としてのさんま

こうしたなかで、『ひょうきん族』のさんまは演者として活躍するだけでなく、笑いの教育者としての片鱗を見せ始めた。

コンビを解体したことに加えて、この番組のもうひとつの特徴は、芸人だけでなくスタッフが演者の列に加わったことだった。

今でこそバラエティ番組でスタッフが画面に映るのは日常茶飯事であり、ひとつの演出手法でさえある。だが、かつてのテレビでは、スタッフが画面に映り込むことはタブー視されていた。それを大きく打ち破るきっかけとなったのが、ほかならぬ『ひょうきん族』であった。しかもそこでは、番組担当のディレクターが扮装をしてコントに登場したり、「ひょうきんディレクターズ」として歌手デビューしたりするなど、素人のスタッフとプロの芸人との境界が曖昧になり始めた。

その中でさんまは、ディレクターがクラブのホステスにご執心であることを暴露したり、カメラマンに突然、「いい画《え》、撮れてる？」とレンズ越しに話しかけたりするなど、積極的にスタッフに絡んでいった。その一方で、自らの無名時代の恋愛エピソードをネタにしたコントにさんま本人役で登場したりもした。要するにさんまは、自ら素人の代表となってお手本を示しつつ、スタッフを笑いの現場に巻き込むという仲介者的な役割を果たした。

とはいえ、バラエティ番組のスタッフは、素人といっても、普段から芸人たちと身近に接し、笑いの呼吸やツボをある程度は心得ている。その点、プロの芸人と一般の視聴者の中間にいるような存在であり、笑いの現場に引き込むのはさほど難しくはない。

しかしさんまは、スタッフだけでなく一般の視聴者に対しても、笑いの教育者として振る舞うようになっていく。『笑っていいとも！』は、その格好の場となった。

さんまの『いいとも』初登場は、1984年2月の「テレフォンショッキング」へのゲスト出演である。それからわずか2カ月後にレギュラー入りし、その時からタモリとの「雑談コーナー」が始まった。

単なる雑談をそのまま放送するという企画は、前例がなかった。『徹子の部屋』（テレビ朝日系）のようなトーク番組はあったが、それらは、生放送で何の決め事もなくただ2人で気の向くままにしゃべるというスタイルではなかった。そのため当初スタッフは大反対だったという（『本人』11号）。

だが、上岡龍太郎による先の指摘に従うならば、雑談こそがテレビ的な話芸であるはずだ。整然とした、よどみのない話し方ではなく、無駄な言葉や回り道にあふれたスタイルこそが、テレビというメディアにおいてはリアルなのである。

しかもその雑談が、『いいとも』という公開生放送の場で繰り広げられることで、序章でもふれた「笑いの共有関係」が実現される側面もあった。例えば、対談形式のトーク番組で公開放送をしたとしても、ホストとゲストの会話に観客が割り込むことは普通あり得ない。ところが、タモリとさんまの雑談はいわばジャズ的な意味での〝セッション〟なので、観客が二人の会話に参加できてしまう。

その例として、1986年1月24日の雑談コーナーの一部を再現してみよう。失神するまねをして遊んでいたら、机の角に頭をぶつけて本当に失神してしまったという女性の投書が話の発端である。

（タモリ）「本当に失神するというのは珍しいよね。」
（さんま）「追いつめられたら失神する…女性に多いって、この間言うてはったでしょ。」
（最前列の女性）「しないよー。」

（タモリ）「あるっつうの！　オレはあんたと会話してんじゃないっての!!（笑）」
（最前列の女性）「ないもーん。」

（さんま）「あるのや！　参加せんようにね。ここは素人とプロの境い目よ、この線は。」

（最前列の女性）「差別！」

（『広告批評』81号）


さんまは、観客の女性に対して会話に勝手に入ってこないように釘を刺す。だがその注意は守られず、むしろ女性の言葉をさらに誘発する結果になっている。前述したように、さんま自身が素人の代表、プロと素人の仲介役でもあるので、プロと素人の違いを強調する言葉は、文字通りの意味ではなく、笑いのコミュニケーションにおける誘い水、いわゆる「フリ」として受け取られている。

そもそも観客の参加意識は、横澤彪が考える「笑いの共有関係」が生まれるための必要条件であった。その意味では、会話に割り込んだ観客は間違ってはいない。漫才ブームの洗礼を受けた観客は、笑いのコミュニケーションに自由に参加させてくれないことを、冗談混じりではあるにせよ、「差別」とすら考えてしまうようになっている。そのような一般人の誕生は、ある意味においてさんまの教育の〝成果〟であった。

こうして、それぞれ生まれ育った環境や時代、芸風も異なる3人が、漫才ブームを契機に次第に接近し、共演するようになった。そして序章でも述べたように、最終的には「お笑いビッグ3」として「笑う社会」を代表する存在になっていく。では、そこから「笑う社会」はどのような展開を見せたのか？　その様子を次章以降でたどってみたい。

第2章

「お笑いビッグ3」とダウンタウンの台頭

1　ダウンタウンの東京進出と「お笑い第3世代」

芸人世代論の始まり

最近、「お笑い第7世代」という言葉を耳にする機会が格段に増えた。本書の目的のひとつは、この表現が生まれた意味合いを明らかにすることにある。だが、それ以前の六つの世代にどのような芸人やタレントがいて、どのような違いがあったのかについては、実は曖昧な部分も多い。

なぜか？　理由のひとつは、「お笑い第○世代」という分け方自体が、途中から始まったものだからである。つまり、「お笑い第1世代」と呼ばれる芸人やタレントがいて、その次に「お笑い第2世代」と呼ばれる芸人やタレントが続く、ということではなかった。「お笑い第○世代」という呼び方自体は、「お笑い第3世代」から始まった。そこからさかのぼって「お笑い第1世代」と「お笑い第2世代」という呼び名が生まれたのである。

その「お笑い第3世代」の中核を担ったのは、ダウンタウン、ウッチャンナンチャン、とんねるずといった、1960年代前半生まれの芸人たちだった。では、「お笑い第3世代」は、その呼び名とともに、どのように頭角を現したのか？　ここでは特に漫才ブームとのかかわりが深いダウンタウンを中心に見ていきたい。

NSC、誕生

ビートたけし、明石家さんま、タモリという「お笑いビッグ3」が現在の地位を得るきっかけとなった漫才ブーム。しかしながら、そのブームは、ご多分に漏れず長続きしなかった。1980年初頭に始まった漫才ブームは、82年には早くも終わりを迎える。

では、その後どうするか？　積極的に動いたのは、前章でもふれたように、ブームの原動力ともなった吉本興業だった。

当時、吉本興業の取締役であった中邨秀雄は、「結果的に吉本が独り勝ちできたのは、代役を含めて「花月」（引用者注：吉本が直営する劇場のこと）三館が途切れることなく芸人を供給してくれたからだ」（中邨『笑いに賭けろ！』）と考えた。漫才ブームのなか、お笑い番組が量産されても、そこに新たな芸人をコンスタントに送り出せるだけの分厚い人材を、吉本だけが有していたことが大きかったというのである。

ところが、芸人が育つには時間がかかる。とすれば、来るべきときに備えて事前に育成しておくしかない。「2年ほどで終わったブームは、幸いその後にたくさんのお笑いタレントを志望する若者を増やし」ていた。そこで中邨は、自らがかつて吉本新喜劇を立ち上げた際に研究生制度を整えた経験を踏まえ、「基礎から教える学校を作って組織的に芸人を育成する」ことを決意する（同書）。

従来の師弟制度が健在であったならば、その必要はなかったかもしれない。しかし、笑いの中心が劇場や寄席ではなくテレビになったことで、長年続いてきた師弟制度も揺らいでいた。師弟制度の目的である芸の継承よりも、テレビの性質上、その時々の瞬間的な人気のほうが優先されるようになったからである。その流れを決定的にしたのが、いうまでもなく漫才ブームであった。

こうして、現在も続く芸人養成機関である吉本総合芸能学院、通称NSC（New Star Creation の頭文字をとったもの）が誕生した。1982年4月の開校。一期生として入学したのは70名だった。

できたばかりのこのNSCに配属された、ひとりの吉本興業社員がいた。現在、吉本興業ホールディングスの会長を務める大﨑洋である。当時まだ20代だった大﨑は、それまでの2年間を東京で勤務し、漫才ブーム最盛期のテレビ番組の現場で働いていた。しかし突然、大阪への異動を命じられ、NSCの担当になった。そこでは当然、東京で得たノウハウや人脈を生かすことができない。いわば、行き場をなくした状態だった。

尼崎というルーツ

大崎洋から見たNSC一期生は、「見るからに悪ガキの集まり」だった。なかでも「ひときわ汚くて目つきの悪いコンビ」がいた。浜田雅功と松本人志、のちのダウンタウンである（常松『笑う奴ほどよく眠る』）。

浜田と松本は、ともに1963年生まれ。兵庫県尼崎市出身で、小中学校も同じだった。とはいえ、小学生で頭にパーマをかけ、パンタロンを穿いているやんちゃな浜田と、幼い頃は気が弱くおとなしい子だったという松本は当初、お互いを避けていた（伊藤『ダウンタウンの理由。』）。

そんな正反対の2人を結びつけたのが、笑いだった。

松本人志は、尼崎が笑いに関して特別な街だったと回顧する。「あそこにいたヤツはみんなおもろかったんですよ。小学校の時から、笑いの次元が違いましたから。今、お笑いやってるようなヤツなんかよりも、はるかにおもろい友達がいっぱいいましたもん。今の僕らがやってる笑いは、あそこでやったことと、つながってるでしょうね」。特に「家は貧乏。勉強もスポーツも苦手」、そしていじめられっ子であった松本には、「笑いしかなかった」（同書）。

その際、小学校低学年の頃に父親に連れられて「花月」に行った経験が役立った。毎月のように劇場でお笑いを見るなかで、松本は観客の生の反応、演者のウケ具合を観察しながら、笑いの感覚を身に着けていった。「そうなるとチョットしたお笑い評論家で、学校でもポツリ、ポツリとギャグをかますようになった。（中略）気がつくと、だれもオレをイジメなくなり、周りに人が集まってくるようになっていた」（松本『「松本」の「遺書」』）。

こうして松本人志は、笑いの世界にのめり込むようになっていく。「他がウケてると『クソー』ってイライラ」する「異常な小学校」で、松本はコンビやトリオを組み、機会を見つけては同級生の前でオリジナルのネタを披露して同級生と競い合った（伊藤、前掲書）。

1976年、同じ中学に進学した松本と浜田は、2年生の時にはじめて同じクラスになる。それをきっかけに2人は、気の合う他の仲間たちとともに一緒に遊ぶようになり、親密になっていく。もちろんやることは小学校の時と同じ。とにかく笑える面白いことを四六時中考えてそれを実行するという日々の繰り返しである。

だが、中学になると、それまでとは状況が変わってきた。お笑いができる人間よりも、ギターを弾ける人間、スポーツができる人間のほうが目立ち始めたのである。

松本と浜田らはそれに反発するように、笑いの追求をさらに先鋭化させていった。女性の先輩の下着を盗んでそれを被って踊ったり、同級生の家のドアをのこぎりで切って侵入したり、といったことまでやった。

その点、いわゆる学校の人気者だった明石家さんまとは似ているようで異なる。ダウンタウンの場合は、笑いを最上の価値とする土地における競争がまずあった。そこでは小学校の段階からすでに、「とにかく面白いやつが一番偉い」というお笑い至上主義的な価値観が支配的だった。こうしたなかで、松本と浜田は、中学生になってからも、その価値観を守り続けた。そこには、学校の人気者に求められるような一般受けする笑いとは、はっきりと一線を画すものがあった。

中学で唯一無二の遊び仲間となった松本と浜田だが、高校は別々だった。浜田は、厳しいことで有名な三重県の全寮制の学校に進学したため、会う機会も減った。松本は地元の工業高校に進学し、卒業間際には印刷会社への就職も決まっていた。

ところが、松本に対して浜田が思わぬ話を持ちかけた。開校されるNSCに一緒に行こうと松本を誘ったのである。浜田はその直前、競艇選手になろうとしたものの、落ちてしまっていた。厳しかった高校生活への反動もあり、「ここに入ったら、一年間遊べるやん」という軽い気持ちで松本に声をかけたのである。その誘いは、実は「普通の仕事をするのがイヤで、働きたくなかった」松本にとっても好都合であった（同書）。

ダウンタウンの苦闘

こうして松本と浜田は、第一期生として1982年にNSCに入学した。いまふれたように、2人にとっては、気の合う仲間と遊んで過ごす日常を続けたいという、ほんの軽い気持ちからだった。ただ、小学生の時から日々磨き続けた笑いのセンスは誰にも負けないという自負だけは、揺るぎないものとしてあった。

前出の大崎洋は、そんな2人の才能をいち早く認めたひとりだった。「完璧やん！　こんな凄いやつらがおるんや！　紳助やさんまみたいな芸人なんてもう出てきいへんと思ってたけど、いるところにはいるもんやなあ」（常松、前掲書）

後に島田紳助が、デビューしてまだ間もないダウンタウンの漫才を見てコンビの解散、漫才からの引退を決めたというエピソードは、知る人ぞ知るところだろう（詳しくは次章で述べる）。大崎洋が受けた衝撃も、それに劣らぬものだったことがうかがえる。松本のネタの発想力、2人の完璧なコンビネーション、見た目こそ汚く目つきも悪いがどこか人懐っこさを感じさせるたたずまいの良さなど、大崎から見て2人の漫才は、一言で言えば完成されていた（同書）。

それにもかかわらず、2人は苦戦した。

入学3カ月目で出場した「今宮こどもえびすマンザイ新人コンクール」という、登竜門として知られる新人コンクールで優勝し、2人はNSCに入学して5カ月目にして、早くも劇場「なんば花月」への出演を果たす。異例の出世である。ところが、その「なんば花月」という空間が、2人にとっての障害となった。

大きく立ちはだかったのが、世代のギャップである。

劇場にやってくる客層は、昔からの演芸ファンが多く、年齢層も高い。テレビの漫才ブームに熱狂した若い層とは対照的な存在だった。劇場の常連客が求めるのは、昔ながらの揃いの衣装を着た、折り目正しい伝統的なしゃべくり漫才だった。

松本と浜田は、こうした客が求めるものをまるきり無視した。「普段着のような汚い格好でダラダラと舞台に登場し、お辞儀するわけでもなく、ボソボソと話し始める。漫才なのか立ち話なのか区別がつかない」（同書）。

彼らのスタイルは、年齢の離れた先輩芸人からも理解されなかった。『ザ・テレビ演芸』（テレビ朝日系、1981年放送開始）という番組の新人勝ち抜きコーナーに「ライト兄弟」のコンビ名で出演した彼らの漫才を、司会の横山やすしは「チンピラの立ち話」と酷評したりもした（同書）。

こうした2人の苦境は続いた。そのうち、NSCの同期だったトミーズやハイヒールが売れ出し、テレビ番組のレギュラーの座を獲得するようになった。当時、松本と浜田は、

「なあ、オレら、こんだけ自分がおもろい思てやってるのに、漫才できるのは劇場で団体のおじいちゃんやおばあちゃんの前でだけやろ……。こんなん、いつまでやっててもしゃあないやん」「どないしょう……。やめよか……」（濱田『がんさく』）といった会話を交わすくらいまで追い込まれていた。

「2丁目現象」で若者のアイドルへ

悩める2人に転機が訪れたのは、1986年のことである。

その間、「ダウンタウン」とグループ名を定めた松本と浜田は、1984年ごろから大﨑洋プロデュースのもと、同じNSC1期生のハイヒールや銀次・政二とともにイベントを開催するようになっていた。そして86年、その会場となっていた南海ホールは吉本興業の直営となり、同じ年に「心斎橋筋2丁目劇場」としてリニューアルオープンした。

客席わずか100席ほどの小さなホールだったが、大﨑洋はそこを若手芸人のための解放区のような場にしようとした。そこでの中心は、いうまでもなくダウンタウンである。花月のような昔ながらの劇場ではうまくいかなかった彼らも、同じ若い世代の観客を相手にした小さな空間であれば違うはずだと大﨑は考えたのである。

当初は客が入らずガラガラの状態が続いたものの、この年の夏休みになると、若者のあいだで人気に火がついた。劇場に若者が殺到するようになり、翌87年には新聞で「2丁目現象」と書かれるまでになっていた。

そのタイミングで帯番組も始まった。1987年4月スタートの毎日放送『4時ですよ〜だ』である。月曜から金曜まで夕方4時からの1時間、2丁目劇場から生放送することになったのである。司会はダウンタウンが務め、レギュラー出演者には、2丁目劇場に出演していた今田耕司や東野幸治、130R（板尾創路、蔵野孝洋［現・ほんこん］）、木村祐一、石田靖らがいた。

内容はコント、大喜利に始まり、レギュラー陣によるバンド結成、素人参加コーナーなど多岐にわたっていた。複数のコーナーで番組を構成するスタイルは、吉本興業が初めて自社制作したバラエティ番組『ヤングおー！おー！』の伝統を引き継いでいると言える。

浜田雅功は、番組の企画が決まった時点では「そんな時間、誰も家にいぃひん。まぁ半年、試しにやってみましょう」というくらいの気持ちだった（浜田『読め！』）。当時、夕方4時の時間帯と言えば高齢者向けの時代劇の再放送が定番で、学校で部活などをやっているはずの若者世代がテレビを見ているとは思えなかった。

だが、「2丁目現象」の広がりは、当人たちの想像をはるかに超えていた。

番組スタート当初の視聴率は3％前後であったが、夏休みに入ると10％を超えるようになり、時には16％に達するまでになった。

ダウンタウンの、芸人として一貫したスタンスが、番組コンセプトにうまくはまったことが、成功した理由のひとつとして挙げられるだろう。

繰り返しになるが、彼らがNSCに入学した動機は、仲間同士で楽しく過ごす小学校時代からの日々をもっと続けていたい、というものだった。そうしたスタンスは、伝統大衆芸能としての漫才を求める客層が多い花月のような劇場では歓迎されなかった。だが、2丁目劇場でのイベントを経て始まった『4時ですよ〜だ』は、彼らのスタンスにぴったりのコンセプトの番組だった。共演者もNSC出身や2丁目劇場のオーディションで合格した同世代の芸人たち、そして観客の中心は自分たちよりも若い中高生たち。まさに、学校の仲間との遊びの延長線上にあるものだった。

こうしてダウンタウンは、若者世代のアイドルになった。写真集、CDデビューにコンサートと、お笑い芸人の域を超えて活動の幅はぐんと広がった。だが、手放しでは喜べない状況に展開していく。『4時ですよ〜だ』でダウンタウンが登場すると、会場に詰めかけた女子中高生からすさまじい歓声が飛び、2人のトークをまともに聞かなくなったのである。同じことは、ダウンタウンが花月に出演する際にも起こるようになった。

「こら、あかん！　また（ネタを）やる場所がのうなってもた……」（濱田、前掲書）。そう感じたダウンタウンは、大阪から東京へ拠点を移そうと考えるようになる。1988年のことだった。

「お笑い第3世代」と『夢で逢えたら』

ただ大﨑洋の回想によれば、事情は少し異なる。ダウンタウンは、東京進出にはそれほど積極的ではなかった。

明石家さんまくらいからはっきりしてきた傾向だが、吉本興業の芸人は関西で人気者になると、次のステップとして全国区の人気を目指して東京に進出することが多い。その背景には、ギャラの面で東京のほうがはるかに高いことを見込んだ事務所側の思惑もある。

2丁目劇場の成功を機に、ダウンタウンも東京での活動が増え始めた。1986年には、欽ちゃんこと萩本欽一の『欽ドン！ハッケヨーイ笑った！』（フジテレビ系）にレギュラー出演したこともあった。とはいえ当初は拠点を完全に移したりせず、様子を見ながらであった。それもあってか、これといった成果も上がらなかった。

しかし、『4時ですよ～だ』で人気が沸騰したことで、風向きが変わり始めた。1988年5月からラフォーレ原宿で始めたお笑いイベント、『おでかけでっせ、ラフォーレまっせ』には多くの若者が詰めかけた。これは、2丁目劇場の企画を持ち込んだもので、今田耕司や東野幸治とともにコントや一人芸を繰り広げるものだった。

そうしたなかで、同じ年の10月に、『夢で逢えたら』(フジテレビ系)がスタートする。ダウンタウンと同世代の若手芸人がレギュラー出演する深夜バラエティである。この番組でダウンタウンは、高級ホテルなのに卓球台がないと松本と浜田が関西弁でいちゃもんをつける「浪花の浴衣兄弟」、松本が白塗りメイクで顔にウロコを書いた、蛇のような動きをする警官という奇妙なキャラクター「ガララニョロロ」といった人気キャラクターを生み出し、東京でもその存在を知られるようになっていく。1989年4月に『笑っていいとも!』のレギュラーに起用されたのは、その証である。

この番組で野沢直子や清水ミチコとともに出演していたのが、ウッチャンナンチャンだった。本章の冒頭でふれた、「お笑い第3世代」を担う中心的な2組の共演が、ここに実現したのである。

ウッチャンナンチャンの結成は1984年のこと。横浜放送映画専門学院(現・日本映画学校)という専門学校で同級生だった内村光良と南原清隆が、授業で漫才コンビを組んだのがきっかけだった。もともと2人は、映画や演劇の道に進もうとしていた。ところが、講師として来ていた内海桂子・好江にその才能を認められ、お笑いの世界に足を踏み入れることになる。

彼らが注目されるようになった最大のきっかけは、コントだった。コンビニやレンタルビデオ店などを舞台に、都会に暮らす若者の日常を短く切り取った。それを連作形式でつなげる「ショートコント」で見せるところに新鮮さがあり、同世代が共感できる「あるある」的内容と相まって、若者のあいだで人気を呼ぶようになった。

『夢で逢えたら』を手掛けた当時のフジテレビのディレクター・吉田正樹は、次のように振り返る。「東京では、その当時は圧倒的にウッチャンナンチャンに人気がありました。だからこれはウッチャンナンチャンが先行したわけです。ところが、大阪のほうでダウンタウンというとても面白い芸人がいる、どうやら天下をとっているらしい、と。そういう話があって、このふた組を中心にすることになりました」(『80年代テレビバラエティ黄金伝説』)。

つまり、『夢で逢えたら』の狙いのひとつは、「お笑いの東西融合」(吉田正樹)だった。関東(東京)と関西(大阪)では、お笑いの流儀に違いがある。例えば、吉本の流儀では、誰かがボケたら周囲の人間はツッコむかコケるかしないといけない。だが東京では、それは必ずしも当然ではない。そうしたこともあってか、「ここでコケろや」というときにコケない清水ミチコに、浜田は違和感を抱いていた時期もあったという(同書)。

その意味では、ダウンタウンにとって『夢で逢えたら』は、大阪以外の地域で知名度を上げるきっかけとなった番組であると同時に、東京と大阪の笑いの違いを実感する番組でもあった。

テレビを遊び場にしたとんねるず

こうしたスタイルの違いは、もう一組の「お笑い第3世代」の中心であった、とんねるずと比べてみることで、より明らかになる。

石橋貴明と木梨憲武の2人は、デビュー前の素人時代には、ソロ、あるいはコンビで視聴者参加型の番組に出演し、常連として目立つ存在だった。プロになってからは、『オールナイトフジ』(フジテレビ系、1983年放送開始)や『夕やけニャンニャン』(フジテレビ系、1985年放送開始)などに出演し、ダウンタウンやウッチャンナンチャンに先駆けて若者のあいだで熱狂的に支持される存在となっていた。その活躍はお笑いにとどまらず、「雨の西麻布」(1985年発売)などのヒット曲を飛ばし、歌やドラマ、映画の世界へと活動の場は広がっていく。

そして『夢で逢えたら』が始まったのと同じ1988年の10月に、彼らの冠バラエティ番組『とんねるずのみなさんのおかげです。』(フジテレビ系)がレギュラー番組としてスタートする。木曜夜9時からの1時間番組で、プライムタイムに冠番組を持ったのは、

「お笑い第3世代」の3組のなかで最初だった。

とんねるずも、ダウンタウンやウッチャンナンチャンと同じように、芸人としての師匠がいるわけではない。ただ、笑いのかたちとしては、先輩と後輩のような上下関係に基づくものが多かった。彼らが全国的にも有名な帝京高校の野球部とサッカー部の出身で、そうした体育会系の部活動での体験、ノリをベースにしていたからだった。

とんねるずの笑いのもうひとつの柱であるテレビのパロディも、こうした体験から発している。『とんねるずのみなさんのおかげです。』における「仮面ライダー」のパロディ「仮面ノリダー」はその端的な例である。それは、学校の人気者が教室や部室で仲間を前にして披露するテレビの物まねの延長線上にあるものだった。高校生の時から視聴者参加型番組に出演していた彼らにとって、プロになってもそうした笑いを続けるのはごく自然なことだった。

つまり、学生時代の感覚を、そのままテレビに持ち込んで成功を収めたのがとんねるずだった。学校の人気者だった明石家さんまとその点で似ているが、純粋にテレビを遊び場にするエネルギーという点ではむしろ上回っていた。バラエティだけでなく、『ザ・ベストテン』(TBSテレビ系、1978年放送開始)などの音楽番組でも、体育会系のノリで所狭しと暴れ回る2人の姿に若者は熱狂した。

このようにテレビありきだったとんねるずに対して、ダウンタウンは違っていた。

確かに世代的にはほとんど変わらない。初期ダウンタウンの有名な漫才ネタのひとつ「クイズ」も、テレビのクイズ番組のパロディである。しかし、それは漫才という枠組みのなかで繰り広げられるものであり、テレビそのものを自分たちの遊び場にしたとんねるずとはフィールドが異なっていた。

お笑い第3世代・ダウンタウンの試練

その頃、テレビの笑いの中心は、寄席からの中継を基本とする演芸番組から、テレビ固有の娯楽を追求するバラエティへと移ろうとしていた。1980年代初頭の漫才ブームには、演芸ブームとしての側面もあった。しかしそこから、そのブームをリードしたフジテレビは、『オレたちひょうきん族』や『笑っていいとも!』といった、「お笑いビッグ3」の原点となるような一連の番組を制作し、テレビバラエティの最先端を担うテレビ局となっていった。

こうしたなかで、フジテレビの『冗談画報』という深夜番組が1985年に始まった。司会を務めたのはコラムニストの泉麻人。まだ無名ではあるが注目の若手演者を発掘しようという番組である。そこに登場したのは、お笑い芸人だけではなかった。ダウンタウンやウッチャンナンチャンが出演する一方で、米米CLUBや聖飢魔IIなどエンタメ性の高いミュージシャン、WAHAHA本舗やラジカル・ガジベリビンバ・システムといった人気の小劇団が出演するなど、幅は広かった。

フジテレビはこの『冗談画報』によって、バラエティの次なるトレンドを探ろうとしていた。前出の吉田正樹によれば、「『ひょうきん族』が80年代後半にマンネリ化していたのを背景に、それとは別のところで『ひょうきん族』っぽくないたまったエネルギーが出てきていた」。「『夢で逢えたら』は、もともと漫才ブームから出てきた人たちが大スターになってしまったので、そのサブカルチャーである『冗談画報』というエネルギーの受け皿としていくつか発生したもののひとつだった」(『80年代テレビバラエティ黄金伝説』)。『夢で逢えたら』において、ショートコントやドラマコントに加えて、メンバーたちがバンドを組む音楽コーナーがあったのは、こうした流れを汲むものであった。

そうしたジャンル横断的な新しいバラエティの流れをすでに体現していたのが、歌手としても活躍するとんねるずだった。そしてそこに、東京に進出したダウンタウンが直面した試練の理由もあった。

漫才ブームの熱狂を目の当たりにした大﨑洋が目指していたのも、旧来の演芸的なお笑いではなかった。大﨑はそれを「アンチ吉本、アンチ花月」と表現していた。その時、彼が理想としたのは、漫才ブームをきっかけに発展した、テレビバラエティのスタイルだった。そうした「脱演芸」化の理想は、2丁目劇場、そして『4時ですよ〜だ』の成功で実現し始めていた。

だが、そこでぶつかったのが、とんねるずという存在だった。「大阪の『4時ですよ〜だ』でダウンタウンがやってたことは、東京ではもう、とんねるずさんがやっとったんですよ」と大﨑は述懐する（伊藤、前掲書）。とんねるずが出演していた『夕やけニャンニャン』も、『4時ですよ〜だ』と同じ夕方の帯番組だった。とんねるずの2人はそこで、アイドルグループ・おニャン子クラブやスタジオ観覧の素人と体育会系のノリで絡み、若者から圧倒的な人気を得ていた。

ここまで見てきたように、「お笑い第3世代」という括りは、「ポスト漫才ブーム」、「ポスト『ひょうきん族』」時代のバラエティのあり方を模索する流れの中から生まれたもの、言い換えれば、新しいテレビバラエティを担う世代を表現するキャッチフレーズとして誕生したものだった。漫才が笑いのルーツであるダウンタウンにとって、このような流れは、伝統的な漫才に固執したわけではないにせよ、すんなりと適応できるものではなかった。

その意味でダウンタウンは、「お笑い第3世代」の中で異端の存在であった。東京進出を果たしたダウンタウンにとって、「脱演芸」の基本線を崩すことなく、バラエティという枠組みのなかで独自性を発揮するにはどうすればいいかが、根本的な課題であった。

2　ダウンタウンが起こした〝革命〟

東京での初冠番組『ガキ使』

こうしてダウンタウンが苦労していたとき、突破口となったのが、東京での初の冠番組『ダウンタウンのガキの使いやあらへんで！』（日本テレビ系、以下『ガキ使』と表記）である。放送開始時期は、奇しくも『オレたちひょうきん族』が幕を閉じたのと同じ、1989年10月のことだった。

そもそもの発端は、ダウンタウンが東京で初めて本格的にレギュラー出演した恋愛バラエティ番組『Boy Meets Girl 恋々!!ときめき倶楽部』（日本テレビ系、1988年放送開始）にあった。2丁目劇場のビデオを見てダウンタウンの才能に惚れ込んだ日本テレビの土屋敏夫と菅賢治が、サブ司会に抜擢したのである。その後、番組編成部門に異動した土屋と、制作現場の菅が連携して企画し、実現させたのが『ガキ使』であった。

放送は火曜深夜1時から2時台にかけての30分間。家族そろって見ているような時間帯ではない。したがって、スタッフもダウンタウンも、視聴率をあまり気にすることなく、自分たちの好きなことができた。

初回の企画として選ばれたのは、番組の時間まるごと使って、ダウンタウンの漫才をたっぷり聞かせることだった。そもそも、菅がビデオを見たときに衝撃を受けたのが、彼らの漫才だったからである。だから、歓声のせいでネタが聞こえなくなったりしないよう、ダウンタウンのファンは収録会場に一切入れないという徹底ぶりだった。

ところが、案に相違して反応は芳しくなかった。浜田に対し、答えがないようなクイズを松本が連発するネタなど、ダウンタウンが得意とするネタをふんだんに盛り込んだにもかかわらず、客席の反応は弾けなかった。2人の幼なじみでもある放送作家の高須光聖も、「笑いのツボにくるたびに、『あらー?』『あらー?』って感じでハズして、全然おもしろさがわかってもらわれへんかった」と、そのときの様子を振り返る(伊藤、前掲書)。

それでも、菅をはじめとするスタッフは漫才にこだわった。番組中でダウンタウンは漫才を披露し続け、当時の持ちネタをすべて披露し終えると、今度は「新しい漫才のネタを毎週作ってほしい」とダウンタウンに要望した。しかし、ひとつのネタを完成させるには、舞台で実際にやってみて微調整を加えるなどの時間が必要で、納得のいく新作がそう簡単にできるわけではない。そこで、漫才ではなく持ちネタのコントでしのぐことになった。

だが、何週か後には、そのストックもなくなってしまった。

『ガキ使』フリートークという革新

そこに至って出てきたのが、漫才の代わりに長めのフリートークを毎週やる、という案だった。

ダウンタウンにとってそれは、渡りに船の提案だった。なぜなら小中学生の頃から、日々の暮らしをすべて笑いにしてしまおうとしてきた松本人志と浜田雅功にとって、フリートーク、つまり面白い雑談は、自分たちの原点だったからである。

こうして番組の前半は、ダウンタウンがゲームなどに挑戦する企画もの（最初の企画が「第1回　ガキの使いやあらへんで!!激突チキチキ三輪車マラソンレース」と題されていたので、その後、どのような企画にも「第1回　ガキの使いやあらへんで!!激突チキチキ～」というタイトルが冠されるようになった）、そして後半は2人のフリートークという骨格が定まった。

前章で、明石家さんまや笑福亭鶴瓶らがテレビにおける雑談芸を発達させたと述べた。

だが、いかに雑談であっても、語り芸であるからには、必ずそこには「ウソ」が含まれる。あくまでベースは、本人が日常のなかで体験したことだ。とはいえ、それをそのまま淡々と話しても、笑いは起こりにくい。だから、盛り上がるところを意識してつくったり、オチをつけたりすることが必要になってくる。そうした演出の部分で必要になってくるのがウソ、つまり誇張や修飾であり、そのサジ加減が、芸人としての腕の見せ所ということになる。

『ガキ使』のダウンタウンも最初はそうだった。例えば、初めてコンサートを開いた際に感激して泣いていた浜田が終演10分後にはうんこをしていた話、初体験の際、松本がシャツを裸電球にかけていたためボヤになった話、レギュラー出演していた『夢で逢えたら』でサイパンへ行った際にディスコでナンパした話など、実体験に基づく語りが主だった。しかしそれも毎回続けていれば、ネタも尽きてくる。

そこでダウンタウンは、少しずつスタイルを転換していった。明らかにウソとわかる話を堂々とネタにし始めたのである。

例えば、1990年3月20日の放送では、「髪の毛って、ヤラしいよな」と松本が切り出して、髪の毛をめぐるトークが始まった。夜、髪の毛がうっとうしくなって、「明日、カットしに行こう」と思って寝た。ところが翌朝セットしてみると、結構いい感じに決まっている。しかし数日してみると、同じことの繰り返しになる。

ここまでは、わりと多くのひとが実際に経験することだろう。しかし、ここから松本の話は突如として飛躍する。「あれ、僕思うんですけどね、髪の毛っていうのは聞いてるのよ。一本一本が」。だから、切られそうになるのがわかると、切られまいと、髪の毛のなかのボスが他のクセ毛やもつれた毛に呼び掛けて、セットしやすくするようにするのだと松本は言い、その様子を見てきたかのように事細かに描写し始める。

さんまや鶴瓶の雑談芸のウソは、実体験の枠から外れない範囲の「もっともらしいウソ」である。それに対してダウンタウンは、「ウソらしいウソ」を前面に押し出す。現実から飛躍したところに出発点を設定し、そこからさらに発想を広げていく。それは、既存の雑談芸の前提そのものを覆すものだ。その意味において『ガキ使』のフリートークは、まさにダウンタウンが雑談芸にもたらした革新だった。

繰り返しになるが、ダウンタウンが「お笑い第3世代」と一括りにされるなかで独自性を発揮するには、本来の持ち味である漫才的な面白さを追求するしかなかった。だが、それには漫才という形式にこだわるだけでは不十分だった。その根幹の部分を変えずに、テレビバラエティというジャンルにどう適応するかが、ダウンタウンが直面した課題だった。そして、試行錯誤の末にたどり着いたのが、フリートークだったのである。

したがって、そこには漫才的な「ボケとツッコミ」のコミュニケーションの面白さが存分に活かされている。

フリートークの際、松本の発想力にどうしても目が向きがちだが、浜田の力も見逃せない。松本が突拍子もないことを言い出したとき、浜田はただ呆れたり、頭ごなしに否定したりはしない。「なんやそれ」などとツッコむだけでなく、「いまのはおもろい」などと、松本の突飛な発想をすかさず肯定するのである。さらには、そうした話に乗っかって広げていくこともある。その手綱さばきは柔軟性に富んでいて、融通無碍だ。

一般にツッコミと言うと、ボケの無軌道さに対して、「よしなさいよ」「そんなわけないだろ」などとたしなめ、矯正するものというイメージがあるかもしれない。しかし、浜田のツッコミはそうではない。理解されないかもしれない松本のボケの可能性を最大限に引き出し、ボケをより自由にする原動力となっているのである。その意味において、ダウンタウンが『ガキ使』で繰り広げたフリートークは、漫才の基本である「ボケとツッコミ」におけるコミュニケーションの常識を覆す一種の〝革命〟であった。

『ダウンタウンのごっつええ感じ』スタート

こうしてダウンタウンは、新しい時代に通用する自分たちの笑いを、深夜の時間帯の番組を通じて着々と練り上げていった。しかし、それでもまだ、「お笑い第3世代」のライバルたちに追いついていなかった。とんねるずやウッチャンナンチャンは、その頃すでにフジテレビのプライムタイムで自分たちの冠バラエティ番組をスタートさせていた。

1988年には先述のように『とんねるずのみなさんのおかげです。』が始まり、「仮面ノリダー」といった、テレビドラマのパロディで人気を博した。そして90年には、とんねるずがドラマに出演するため、この番組は休止となり、代わりに『ウッチャンナンチャンの誰かがやらねば！』が始まった。さまざまなアイデアをビデオにして、ウッチャンナンチャンらがそれをスタジオで見ながらトークするという内容だった。当時、流行っていた『ウォーリーをさがせ！』を実写化した「ナンチャンを探せ！」などが好評で、曜日を変えて『ウッチャンナンチャンのやるならやらねば！』として93年6月まで続いた。

こうしたなかでダウンタウンにチャンスが訪れたのは、1991年のことだった。『夢で逢えたら』のスタッフの推薦で、この年の正月、火曜夜7時の枠で、彼らをメインとする特番、『ダウンタウンのごっつええ感じ　マジでマジでアカンめっちゃ腹痛い』が作られることになった。

この特番は、『夢で逢えたら』の人気キャラクターを発展させた「なにわのどてら兄弟」のロケ企画、ことわざや格言が本当なのかを実験する企画、マイナースポーツ・カバディに挑戦する企画、子どもならではの自由な回答を予想するクイズ企画など、実に多様なコーナーで構成されていた。番組の冒頭で、打ち合わせ段階では211本の企画があがっていたことが明らかにされ、ダウンタウンがボツ企画をいくつか紹介している。このことからも、浜田、松本の2人がいかにこのチャンスに力を入れていたかがわかるだろう。

さらに、この年の5月と7月には、「火曜ワイドスペシャル」の枠で第2弾と第3弾が放送される。視聴率も好調で、1991年12月から、日曜夜8時というゴールデンタイムでのレギュラー化が決まった。番組タイトルは、第2弾の時から使われていた第1弾のタイトルの短縮版『ダウンタウンのごっつええ感じ』（以下、『ごっつ』と表記）に決定した。

番組がスタートするにあたり、ダウンタウンとスタッフは、番組の方針を定めた。それは、「パロディをしないこと」と、「即興ではない、練りこんだコントを中心に作ること」の二つだった（伊藤、前掲書）。

ここにも示されているように、『ごっつ』で核となったのは漫才ではなく、コントだった。漫才から発展させたフリートークが看板の『ガキ使』との違いを出すためでもあったはずだ。それに加えて、とんねるずやウッチャンナンチャンの冠番組がコント中心であり、その流れに従うという面もあっただろう。

だが、とんねるずやウッチャンナンチャンの場合、ウリになっていたのは、映画やドラマを素材にしたパロディコントであった。とんねるずの「仮面ノリダー」がその典型だが、ウッチャンナンチャンも、例えば、『101回目のプロポーズ』（1991年放送）のような、当時高視聴率を稼いでいたフジテレビの「月9」をいち早くパロディコントにして人気を得ていた。それに対してダウンタウンは、あくまでオリジナルコントにこだわった。

『ごっつ』の基本方針のもう一つ、「練りこんだコント」にも注目すべきだろう。1980年代に『オレたちひょうきん族』が発展させた、アドリブ重視のコントとは対極のものだからである。「練りこんだコント」をやるということは、『ひょうきん族』を牽引したビートたけしや明石家さんまの笑いとも一線を画すことを意味する。

こうした方針を貫こうとした結果、出演者にとってもスタッフにとっても、番組の制作は限界ぎりぎりのハードなものとなった。番組の売り物であるショートコントの台本は100本近く用意され、ダウンタウンはそのすべてに目を通して本番用のコントを選んだ。そして1回目の放送分として、20本以上のコントの収録が行われた。

とはいえ、日曜の夜8時といえば、老若男女がテレビを見ている時間帯である。NHKでは大河ドラマが放送され、日本テレビでは『天才・たけしの元気が出るテレビ!!』が面白素人をフィーチャーする路線を打ち出して人気を博していた。こうした状況にあったため、『ごっつ』サイドとしても、ディープな笑いを追求するだけでなく、テレビバラエティとしてのバランスをとる必要があった。

番組開始当初にAD（アシスタントディレクター）を務めていたフジテレビ（当時）の小松純也は、浜田雅功の役割が大きかったと振り返る。コントは松本人志が仕切る一方で、「完全試合に挑戦」とかいわゆるテレビ的な企画を浜田さんはあえて自分でやっていた。

（中略）テレビはこういうのもないとダメなんだっていうバランスを彼は知っていた」。こうしたことから、「ダウンタウンは松本＝監督、浜田＝プロデューサーなのだということ」を、小松は何度も感じたという（『Quick Japan』vol.51）。

突破口になった「おかんとマーくん」

それでも『ごっつ』は、『ガキ使』と同じように当初、苦戦した。第1回こそ18・2％という高視聴率だったものの、2回目はそこから4％ダウン、4回目には11％台まで落ち込んだ。その後も視聴率は芳しくなかった。

先述のように、同じ放送時間帯に大河ドラマなど強力な裏番組があったことも災いした。こうしてダウンタウンは、『ガキ使』のときと同様、方針転換を迫られた。

前述したように、収録するコントの台本はダウンタウンが厳選する。だが、それをすべて台本通りに演じるわけではなかった。本番では必ず違うことをやる。それが、大阪時代からテレビや2丁目劇場でコントをするなかで確立されたダウンタウンの流儀だった。

そこには、『ガキ使』において台本のある漫才が台本のない独自のフリートークへと発展したのと似た可能性の芽があった。こうして誕生したのが、コント版フリートークとも言える「おかんとマーくん」だった。

番組が始まって3カ月目のこと、浜田は息子役、松本は母親役のショートコントの収録があった。このコントにも台本はあった。ところが松本が、自分の母親をモデルにしたコントをやりたいと言い出し、台本なしで勝手に始めてしまった(伊藤、前掲書)。

マーくん(浜田)が友人(板尾創路)とともに家の居間でくつろいでいると、おかん(松本)が部屋に入ってくる。すると突然、「歌舞伎座でフィーバーしてくる」からと言って、その場で服を着替えだす。「なにしとんねん!」とマーくんがとがめるのも聞かず、「見いひんかったらええやないの〜」と言いつつ、着替えをやめないおかん。そればかりか、下着姿のままお茶を飲んで一服しようとする。マーくんの怒りはエスカレートし、「殺すぞ!」とどなる。だが、おかんは動じることなく、「友だちの前でカンカン言うたらいかん」とたしなめる。そして最後は、夕食用に作っておいた「カレー、食べや」と言い、「バーモントカレーや」と、まるでご馳走であるかのように念押しして去っていく。

このコントの主要成分は、誰にでも思い当たるような母親と息子の会話と、「関西のおかん」ならではの濃いキャラクターである。そこでは、「あるある」的面白さと土着的な特異性とが絶妙のバランスで表現され、醍醐味となっていた。松本と浜田の2人が、『ガキ使』でのフリートークと同じように、台本なしの阿吽の呼吸でそれを生み出していく。どこにでもいそうな母親でありつつ、強烈な個性で周囲を圧倒するパワフルな存在。それがこのコントの「おかん」である。

「おかんとマーくん」は人気を博し、『ごっつ』にとって突破口となった。こうして、「おかん」と構造的に似たキャラクターが続々と生み出されるようになる。それらのキャラクターは、いずれも「おかん」と同様、〝日常のなかにふと現れる異様さ〟と呼ぶべき独特の他者性を帯びた存在だった。

「キャシィ塚本」というキャラクターも、そのひとつだ。

キャシィ塚本は料理番組の先生である。いわゆるおばちゃんパーマで、色付きのサングラスをかけ、フリルのついたファンシーなエプロン姿で登場する。アシスタント役の今田耕司と篠原涼子を相手に、最初は穏やかに料理を作っている。ところが、かき混ぜていた卵のボウルを「ドーン」と大声で叫びながら放り投げるなど突然暴走し始め、挙句の果てに冷蔵庫も「ドーン」と倒し、「二度と出ないわよ！」と言って去っていく。キッチンという、あくまで料理を作るための日常の場が、異様な場所へと変貌していくさまが笑いに昇華されている。

「トカゲのおっさん」という到達点

そうした独特の他者性は、キャラクターだけでなく、コントの構造にまで拡張されていった。

「おかんとマーくん」のコントに、「うたたね」と題する回がある。昼寝をしているマーくんは、自分が遠山の金さんになった夢を見ている。しらを切る悪人役の今田耕司を問い詰めていると、突然おかんがお白洲に入ってきて掃除機をかけ始める。そして、物陰からエロ本を発見してマーくんを叱り出す。うっとうしがるマーくんだが、それでも裁きは進み、いよいよ片肌脱いで桜吹雪の刺青を見せると、おかんが「そんな子どもに育てた覚えはない！」と烈火のごとく怒りだす。

コント「おかんとマーくん」がこの番組に初登場した時は、日常の風景を描いたものだったが、ここでは夢の中という設定を借りて、日常とはかけ離れた時代劇の世界におかんが登場する。そこには、おかんの異様さが、フィクションの空間においていっそう強調されるという構図がある。

そうした異様さの笑いを、キャラクター面だけでなく、構造的なところでも突き詰めたのが、「トカゲのおっさん」というコントだろう。

トカゲのおっさんとは、胴体がトカゲになっている、頭髪の薄いおっさんのことである。半分人間で、半分トカゲという存在だ。ストーリー仕立ての連作となっているこのコントは、トカゲのおっさんに心惹かれた浜田扮する少年・マサくんが、母親を説得してトカゲのおっさんと同居しようとするところから始まる。

だが、マサくんと2人暮らしの母親（板尾創路）には新しい恋人（蔵野孝洋）がいる。会うたびにその男とトカゲのおっさんは衝突して喧嘩になるのだが、三角関係の末に母親は新しい恋人との暮らしを選ぶ。それなのに、人が好いトカゲのおっさんは、男の借金のかたにストリップ劇場で芸人をする羽目に。しかも、マサくんの母親から、楽屋泥棒の罪をなすり付けられたりする。それでもトカゲのおっさんは健気に親子に尽くそうとする。

そうこうするうち、トカゲのおっさんの身体に異変が起こり始める。最初は胴体だけがトカゲだったのが、次第に体中に広がってくる。人間の卑しく汚い面を散々見てしまったために、トカゲのおっさんが自分のなかの人間の部分を拒絶したがゆえのことだった。挙句の果てに、トカゲのおっさんは偶然の成り行きで殺人犯にされてしまう。しかも、そんなおっさんを心配して拘置所に面会に来たマサくんは、見た目がほとんどトカゲになってしまったおっさんにショックを受け、「なんやお前」「気持ち悪い」と言って逃げてしまう。

このコントには、お約束のギャグやはっきりしたオチがあるわけではない。笑いを交えつつも、ちょっとした勘違いや悪意によって悲しい運命をたどるトカゲのおっさんの人生を突き放したように描くだけである。

つまりこの場合、夢の中といった、フィクションと現実を区別するための設定はなされず、日常的現実のなかに異様なキャラクターがストレートに登場する。しかもその存在は、必ずしも異様とは思われていない。だから、冷静に見ればとてもシュールな内容だが、それでいて一つひとつの出来事はいかにも誰の身にも起きそうで生々しい。そのシュールさと生々しさの共存は、まさに超現実的な悪夢と呼ぶのがふさわしい。

視聴者が芸人に試される関係に

見る側に解釈を委ねるようなこうした笑いを、ゴールデンタイムのバラエティで当然のようにやることは、きわめて異例なことだった。それが可能だったのは、おそらくダウンタウンの登場によって、お笑い芸人と視聴者の関係が逆転したからだろう。

従来、視聴者は「お客様」であり、お笑い芸人は、笑いによって視聴者に奉仕する存在だった。したがって芸人たちにとって、とくにテレビに出演する際には、年齢や性別に関係なく誰にでも楽しめる、わかりやすい笑いを提供することが大前提だった。

ところが『ごっつ』では、ダウンタウンをはじめとする芸人たちが、わかりやすさに配慮することは一切ない。そこではむしろ、視聴者の側が、その笑いを「わかる」か「わからない」かで選別されるようになる。視聴者のほうが、高度な笑いのリテラシーを求められる立場、言い換えれば試される立場になったのである。

ただしその関係は、お笑い芸人のほうが単純に上位にあるというわけではない。ある意味でお笑い芸人の側も、視聴者の能力に依存している。例えば、「トカゲのおっさん」のコントには、まったくと言っていいほどツッコミがない。『ガキ使』のフリートークでは見事にツッコミ役を果たしていた浜田雅功も、ここでは自分の役柄を演じることに終始している。したがって、ツッコミのいない『ごっつ』の笑いを最終的に成り立たせるのは、松本人志の笑いが理解できる視聴者ということになる。

このように、ツッコミが存在せず、それを補うリテラシーを身に着けた視聴者を前提にした実験的な笑いの追求は、松本人志が単独で出演した深夜バラエティ『一人ごっつ』(フジテレビ系、1996年放送開始)で、より明確なものとなっていく。

ここで松本が挑んだのは、一人大喜利だった。『笑点』を思い出すまでもなく、大喜利には普通、司会者がいて、複数の回答者が順にお題に答えていく。このとき司会者は、進行だけでなくツッコミの役目も果たす。ところが『一人ごっつ』の出演者は、松本人志だけである。寺のお堂のようなセットで、手ぬぐいを頭に巻いて作務衣姿の彼が、出されたお題にひたすら答え続ける。

例えば、「出世させよう」というお題がある。「クセ毛」という言葉が出発点だとすると、そこから松本が「ちゃめっ毛」「いたづらっ毛」「どっ毛り」のように、瞬時に連想をふくらませていく。それは「ぼや毛」「ぼやさわ毛」「火事場のクソ頭」と展開し、最後は「野毛（野茂）」「モジャース」「モジャーリーグ」という、「クセ毛」とはまったく関係のないワードに行き着く。

この番組で松本は、周囲の反応にかかわりなく、会心の答えが出たときには一人で笑っていることも珍しくない。あくまで面白さを評価するのは自分なのである。その様子は、作務衣姿も相まって、どこか〝笑いの求道者〟のようでもある。

松本のこの笑いにおいては、視聴者の大喜利力も試されることになる。それが顕在化したのが、『一人ごっつ』を引き継いだ『新・一人ごっつ』（1997年放送開始）で行われた「全国お笑い共通一次試験 俺ならこう解く」である。

これは、大学入試でかつて、実施されていた共通一次試験のお笑い版と言っていい。国語、社会、理科などの科目別に大喜利のお題が10問ほど出され、それに対する一般視聴者の回答を松本人志が採点するという趣向だ。フジテレビまで直接、問題用紙を取りに行かなければならなかったが、第1回の受験者は約1万4000人、第2回は約2万3000人、最後となった第3回に至っては3万3000人余りに達した。

番組の中で松本は、成績優秀者の答案を一通り解説した後、「日本も捨てたもんやないね」「まだ面白いと思う人が一杯いっぱいいますよね」と語っていた。このとき松本は、一般人にとっての笑いの基準を体現していたと言っていいだろう。

松本人志の使命感と『ごっつ』の終了

だが、松本が〝笑いの求道者〟を志向すればするほど、従来通りわかりやすく健全な笑いを求める世間の常識とのずれは広がっていった。こうしたなかで、ゴールデンタイムに放送されていた『ごっつ』では、視聴者からクレームが寄せられることが多くなっていく。例えば、先述の「キャシィ塚本」のコントには、「食べ物を粗末にするな」というクレームが絶えなかったという。

しかし、松本による笑いの追求はとどまるところを知らず、そのことが松本人志という存在の神格化をもたらすことにもなった。

1993年には、自ら企画・構成・出演を務めたビデオ作品『頭頭《とうず》』をリリース。「頭頭」という架空の食べ物をめぐって不思議なストーリーが展開されていく。この作品も、誰にでもわかる笑いとは一線を画したものだった。

しかも、その価格はおよそ1万6000円と、ビデオ化された当時の映画作品と比べても格段に高かった。「高くした理由は、なめられたらいかん、と思ったからです。これは、ひとつの歴史になる作品ですから。これくらいは払ってもらわないとってことですね」と

いうのが、松本の考えだった。（伊藤、前掲書）

つまり松本人志は、お笑いというものが、ひとつの芸術として認められることを強く求めたのである。そのために、テレビバラエティとは異なる場で、自らの笑いを提示することにこだわった。そして1994年には、1万円という破格の料金のコントライブ『寸止め海峡（仮題）』を行い、成功を収めている。

1995年の年末には、単独でのお笑いライブ『4Dエキスポ 松風'95』を日本武道館で開催。料金は後払い制で、ライブを見た後で観客が価格を自由に決めて支払うというものだった。それは松本の自信の表れであるとともに、観客が笑いのリテラシーをどれほど持っているか試すものでもあった。

ライブの内容は、100枚の写真が次々と映され、そのそれぞれに一言発するというもの。「写真で一言」の拡大版だが、動物のスナップもあれば、飢餓に苦しむ子どもをとらえたと思しき報道写真のようなものもあった。松本はそれを、まったく異なる文脈に置き換えた一言で笑いをとるのだが、世間的な常識からすれば、それも不謹慎という批判を招きかねないところがあっただろう。

この頃の松本を突き動かしていたのは、笑いはある種絶対的なものであり、自分はその体現者だという思いである。当時の彼の、次のような言葉は、その自負心を物語っているだろう。「笑いというのは人それぞれの好みであって、これがいちばんっていうのはないっていう人がいますけど、僕はそういうのを聞くと、非常に胸クソが悪い。いちばんレベルの高い笑いは、あるんですよ。自分がそうやと思てますから。ずっとそれを追求していくのが、僕の義務やと思います」（同書）。

ところが、そうした強烈な使命感が、『ごっつ』を危機に陥れることになる。

発端は、1997年9月に行われた、番組編成の変更にあった。プロ野球でヤクルトがセ・リーグ優勝間近となり、フジテレビは試合の中継を急遽決定。それに伴い、予定されていた『ごっつ』のスペシャルが放送延期となった。

本来ならテレビ局側から松本にすぐに連絡があってしかるべきところだ。ところが、松本がそのことを知ったのはニュースで報じられた後だった。そのことに松本は激怒した。その前から、松本とフジテレビの間には溝が生じていた。過激な企画やコントに対して視聴者から多くの苦情がフジテレビに寄せられていたためだ。そうしたなかで生じたこの一件で、両者のすれ違いは決定的なものとなった。そして、1997年11月に『ごっつ』は最終回を迎えることとなる。

3 「お笑いビッグ3」とダウンタウン

「しょーがねーなー」という立ち位置

ここまで見てきたように、1990年代にはダウンタウンが注目の的となり、笑いの最前線へと躍り出た。そのとき「お笑いビッグ3」は、どのような道を歩んでいたのだろうか？　そこにおいて、ダウンタウンと「お笑いビッグ3」との間には何らかの影響関係があっただろうか？

『ごっつ』が終了に至った背景には、連絡の行き違いだけでなく、じつは笑いのあり方をめぐる闘争があった。日曜夜8時に放送されるテレビバラエティに求められる笑い、つまり性別や年齢に関係なく、誰にでも理解される笑いと、ダウンタウンが追い求める実験的で、それゆえ時に過激になる笑いとの、埋めがたいギャップがあったのである。

「お笑いビッグ3」のなかで、こうしたテレビバラエティに求められる笑いと、自分のやりたいこととの埋めがたい距離という意味で最も似ていたのはビートたけしだろう。だが、両者のたどった道は違っていた。

『ごっつ』の裏番組としてライバル関係にあったのが、先述したように日本テレビの『天オ・たけしの元気が出るテレビ!!』（1985年放送開始。以下、『元気』と表記）である。現在のテレビバラエティにおいて〝素人〟の存在は欠かせない。変わった趣味や特技を持つ素人、飛びぬけて個性的な素人など、さまざまな場面で重宝されている。

素人を前面に押し出したバラエティづくりは、1970年代に萩本欽一がすでに成功させていたが、それをさらに推し進めたのがこの『元気』だった。「元気が出る商事」という設定の下、たけしが社長、他のレギュラー出演者が社員という肩書で、街おこしや学校のプロモーションなどを引き受けていく。そこにド派手なメイクと髪型をしたヘビメタのバンドマンや、しゃべると入れ歯がすぐ外れそうになるおじいちゃんなど個性的な素人が次々と登場し、人気者になっていった。

ところが、たけしは基本的に現場にはいない。素人たちが主役になったVTRをスタジオで見ているだけである。その意味でたけしは、テレビを見ている視聴者とほとんど変わらない。出演者でありながら傍観者なのである。この時、たけしは笑いの中心にはいない。かつて、たけしが担っていたテレビの笑いは、もはやVTRに登場する素人たちのものとなっている。

『元気』の中でたけしは、VTRが終わって、スタジオに画面が切り替わった直後に「しょーがねーなー」などとぼやきながら、何とも言えないしかめ面をよくしていた。VTR

に対するコメントで笑いをとろうという感じでもない。それは、テレビの笑いに対する一種の諦念のようでもあった。『ひょうきん族』のコーナーの一つ「タケちゃんマン」で、さんまと対峙したときのように、たけしはここでも〝負けている〟のである。

北野武と松本人志の類似点

こうして、テレビの笑いとのあいだに距離ができはじめていたたけしに、新しいチャンスが訪れる。映画監督の仕事である。

1980年代から、たけしはすでに俳優として注目されていた。実録ドラマでの殺人犯役が評判となり、大島渚監督の『戦場のメリークリスマス』(1983年公開)では、デヴィッド・ボウイや坂本龍一と共演。その後も、映画や連続ドラマの主演を務めるなど、数多くの作品に起用された。

初監督作品となった『その男、凶暴につき』(1989年公開)でも当初、たけしは俳優として出演することになっていた。ところが、監督に決まっていた深作欣二の都合がつかなくなり、たけしが代わりに監督を務めることになったのである。

当時を振り返ってたけしは、映画自体それまでほとんど見たことがなかったと述べている。ただ俳優としての経験を積むなかで、こういうふうに撮ってほしいと思ったことはあり、自分が監督で主演ならば、好きなように撮れると考えて引き受けたという（『余生』）。

たけしは、脚本も担当した。その際、コントの台本を書く要領で臨んだ。「起承転結だけあれば、ストーリー終わり。映画なんか四コママンガの、真ん中残しただけだと思ってるから、その四つだけ撮れたら、もう大丈夫。それ分かってるの。あとはもう、殴り方研究するとか、そんなようなもんだと思うんだよな」（同書）。

たけしがかつて浅草で学んだコントの作り方が、脚本を書く時にも応用されている。最初の設定と結末だけが決まっていて、途中は演者がアドリブで笑いを生みだしていくというのが、浅草コントのスタイルだった。人を殴る暴力場面であっても、その根幹は変わらない。たけしにとって、表現としてのお笑いと暴力は、どちらもオチ、すなわち見る側の予想を超えた意外な展開が重要であるという点で、同じなのである。

他方でたけしは、お笑いと映画は違うとも言う。たけしによれば、映画とは基本的に1枚の写真である。「それじゃもの足りないときは、どうするか。その写真が動きゃいいんだよね。フィルムになる。それでも足りなきゃ、セリフつけよう、音楽つけよう、ってなるじゃない。（中略）だから、最初の基本的な1枚の写真で、ものを語れなかったらダメだっていうのが、俺の持論だから。できたら、しゃべんなくていい、っていうのが、映画の基本だと思うんだよね」。つまり、たけしは映像と言葉、「映画と漫才をはっきり分けた」のである（『物語』）。彼が、映画監督のときは「北野武」、芸人のときは「ビートたけし」と、名義の面でも使い分けていることは、よく知られていよう。

そのことは、映画とテレビの対比にもつながっている。たけしにとってテレビに出ることは、「学校に行くみたいな感じっていうか、友達に会いに行く」ような気安さがある（『余生』）。だから、基本的に「テレビは居心地はいい（中略）。でも、その状態になるとまたイライラ」する（同書）。テレビは気心の知れた仲間とワイワイやれる楽しい場所である。しかし、そこにはなじめない自分もいる。

『ソナチネ』といった、北野作品の映像的な特徴を指して、「キタノ・ブルー」という言葉が使われることがある。青みがかった色彩を基調とする印象的なその映像に関して、たけしは次のように言う。テレビと現実の極彩色の真っただ中で生きながら、まわりの騒々しさ、うっとうしさを意識して遠ざけ、削ぎ落としていく。すると、「日本ではくすんだブルーかグレーが残るんですよ。グレーだとちょっと重い。映画全体がキャンバスだと考えると、どうしても基調はくすんだブルーになる」（『コマネチ！』）。

そこには、テレビドラマなどの「お約束」への批判意識を見て取ることができるだろう。例えば刑事ドラマで、犯人を断崖絶壁に追い詰める場面がよくあるが、たけしはそういったものを、「漫才とかのネタで、定番ドラマってバカにしてた」。だから、自分が俳優としてドラマに出演したときも、「こういうふうに撮ってほしい」と思ったことがあった。「わざとらしいカメラワークもイヤだし、お決まりの、車がキューッて回って煙吐くとか、そういうの全部外しちゃう」（『余生』）。このことからも分かるように、たけしの映画は、自身の漫才でテレビドラマの「お約束」を批判したことにも根ざしているのである。

ここに、松本人志が『ごっつ』のコントでやろうとしたこととの類似点を見て取ることも可能だろう。『ごっつ』におけるコント、とりわけ「トカゲのおっさん」のようなコントは、「ボケとツッコミ」の単純なパターンを極力取り除く、あるいは無視することで成り立っていた。その意味で、松本もまた「お約束」をゼロにしたところで成立する表現を模索していたのである。

お笑いから離れ始めたたけし

こうして素人志向を強めるテレビの笑いから距離を置き始めていたたけしは、「お約束」を良しとしない彼本来の価値観を表現できる自分だけの居場所として、映画という世界を発見した。その意味で、たけしにとっての映画は極私的なものである。だが、そこは永久の居場所でもなければ、終着点でもなかった。

実際、彼はこういう発言をしている。「映画は自分ん中で、すげえデカくなってきてはいるけど、何てんだろ、やっぱり自分の中じゃあテレビのレギュラー一本増えたっていう感じでしかないってのもあるよね」（『余生』）。

この言葉は、こう解釈することもできるだろう。たけしにとってテレビは、お笑いだけでなく、さまざまなことができる場所である、と。実際、たけしは『ビートたけしのお笑いウルトラクイズ!!』（日本テレビ系、1989年放送開始）のような、理屈抜きの馬鹿馬鹿しいお笑いに徹した番組に出演する一方で、1990年代に入ると、お笑い以外の番組にも積極的に出演するようになっていく。

1991年にスタートした『たけし・逸見の平成教育委員会』（フジテレビ系）は、そのひとつだ。現在も『平成教育委員会』として続くこのクイズ番組は、小中学生が学校で習うような問題を芸能人が「生徒」になって解くというもの。従来とは異なるかたちで教科書的な知識を問う、新しい趣向のクイズ番組だった。たけしは北野武名義で「先生」として登場するのだが、じつは番組そのものの企画者でもあった。「フライデー襲撃事件」による謹慎期間中に時間を持て余し、小中学生のドリルを解くことに夢中になったことから、この企画を思いついたのである。

1989年には『どーする?!TVタックル』（テレビ朝日系）がスタートしている。こちらは、時事的な社会問題をテーマにした討論番組で、当初は関口宏とのダブル司会だったが、91年4月以降はたけし単独となり、『ビートたけしのTVタックル』として今日に至っている。ここでのたけしは、ツービート時代から健在な毒舌で笑いを取る場面もあるが、基本的には真面目なコメンテーターとして振る舞っている。

こうした『平成教育委員会』や『ビートたけしのTVタックル』などの出演が増えていくことで、たけしは徐々にではあるが、お笑いの世界から離れていくことになった。もちろん、『世界まる見え！テレビ特捜部』（日本テレビ系、1990年放送開始）で恒例になっているコミカルな着ぐるみ姿のように、芸人であることを再確認させるような番組もあるものの、1990年代以降は、〝笑いも忘れない〟マルチタレントへと近づいていく。

そんなたけしの姿は、同じ時期に〝笑いの求道者〟として、自らの笑いを突き詰めようとしていた松本人志とは対照的だ。だが、両者のあいだには、笑いをめぐる継承関係がある。

松本人志との対談のなかで、たけしは自身の漫才とダウンタウンの笑いを比べて、次のように述べている。「（漫才ブームは）あの当時としては新しいことをやってたんだけど、かなり荒いんだよね。その時代のあとに出てきたダウンタウンはもっときめ細かい。おいらの二、四、六、八というネタの切り取り方が、一、二、三、四でとってきたという感じ。乗ったときは、〇・一とか〇・二の刻みでとり出したという感じがある。（中略）それは進化だと思う」(『コマネチ!』)

漫才ブームにおける漫才は、ツービートをはじめとして、確かにテンポが速い。それに比べると、ダウンタウンの漫才はゆったりしてさえいる。たけしによればそれは、ミクロな世界を顕微鏡で拡大してみせるように、ダウンタウンのほうがきめ細かく漫才をつくっているからだ。ダウンタウンは、それまでの漫才の常識では思いつかない発想で世界の断面を切り取り、世界の見えかたを変貌させる。それは漫才に限らない。「トカゲのおっさん」のようなコントでもそうなのだ。

MCの時代をリードしたさんま

ここには、笑いの変革者として漫才ブームを牽引したたけしが、ダウンタウンという「前衛」の登場によって「古典」になったという構図がある。だが、「古典」という点では、明石家さんまのほうがより古典的であったと言えるだろう。

ツービートの漫才には、たけしがボケとツッコミを兼ねるような構図がある。「赤信号みんなで渡ればこわくない」のように、世間の欺瞞をたけしが追及するような「毒ガスギャグ」は、ボケであると同時に世間へのツッコミでもある。ある意味、それだけで笑いが完結してしまうので、相方のきよしは、「よしなさい」のような、ほとんど機械的なツッコミしかできなくなってしまう。その意味では、ボケとツッコミの役割分担のバランスはすでに崩れている。

それに対してさんまは、ボケとツッコミの程よいバランスを決して崩さない。正確に言えば、その時々の相手に応じてボケとツッコミのどちらかの役割を臨機応変に引き受けることで、ボケとツッコミのバランスが保たれるように常にコントロールしている。それは前章でも述べたように、〝笑いの教育者〟であるさんまにとって当然の振る舞いだろう。

このようなさんまのスキルが遺憾なく発揮されるのは、一度に多人数を相手に進行していく仕切り役、つまりMCを務めるときである。1990年代のさんまは、トークバラエティのMCとしてさまざまな番組をことごとくヒットさせていく。

1992年には『さんまのからくりTV』(TBSテレビ系)が始まった。この番組では、素人の高齢者が解答者となって珍答を連発する「ご長寿早押しクイズ」が人気を博した。

番組全体としてもクイズ形式で構成され、さまざまな映像をVTRで見ながら、スタジオにいる芸能人たちがクイズに答えていく。だが、よくあるクイズ番組と違って、不正解でも正解に近ければ「おしい!」、ずれた解答でも面白ければ「ナイスボケ!」というように、いくらか点数が与えられる。その判断をするのが、MCのさんまである。

つまり、この番組では正解することはそれほど重要ではない。むしろ、間違うことで盛り上げたほうが評価されるところがある。要するに、クイズという形式を借りたトークバラエティであった。実際、この番組に出演した中村玉緒、浅田美代子、長嶋一茂らは、〝天然ボケ〟としての才をさんまによって発掘され、世に知られることになった。

1997年には、現在もゴールデンタイムで放送されている『踊る！さんま御殿!!』（日本テレビ系）がスタートする。こちらは純粋なトークバラエティ番組で、毎回10人程度の芸能人や有名人が登場し、テーマに沿ったエピソードトークを繰り広げる。

この番組におけるさんまこそ、バラエティMCとしての彼の基本と言っていいだろう。ゲストは必ずしも芸人ではないので、そのエピソードトークも常に面白いとは限らない。こうしたなかでさんまは、状況に応じて鋭くツッコんだり、自分自身をネタにしたりしながら確実に笑いを生んでいく。ボケとツッコミの基本形を踏まえながら、柔軟にそれを用いていく対応力の高さは、他の追随を許さないものがある。

さんまvs.素人

ここまで見てきたことからも分かるように、さんまの場合、相手がプロのお笑い芸人でなくても全く問題はない。むしろ相手が笑いの素人であればあるほど、さんまの手腕はより際立つ。

実際、1990年代のさんまは、さまざまな素人と絡むトークバラエティのMCとしても活躍した。

『あっぱれさんま大先生』（フジテレビ系）では先生役のさんまが、生徒役の子どもたちとのトークを繰り広げた。放送開始は1988年だが、いったん休止した後、2003年まで続く長寿番組となった。

出演する子どもたちには子役も多かったが、笑いという意味ではみな素人だった。大人と違って話があらぬ方向に展開することもあれば、大人びたことを突然言い出して戸惑わせることもある。ここでもさんまはボケとツッコミのテクニックを駆使して、見事に笑いへと持っていく。さんまが時おり見せる親のような微笑ましい姿も相まって、ほのぼの感あふれるトークバラエティ番組として成功した。

同じく素人を相手にしたトークバラエティが、『恋のから騒ぎ』（日本テレビ系、1994年放送開始）である。

こちらは20人の独身女性が披露する恋愛エピソードをもとに展開される。左官職人の女性であれば「左官屋」など、それぞれの女性の特徴をもとにニックネームをつけてキャラクター化したり、タイプの異なる女性出演者の対立関係を煽ったりしながら、MCのさんまは番組を盛り上げた。ここでのさんまは単なる仕切り役ではなく、自身の恋愛観やエピソードを女性たちに披露し論争するなど、積極的に絡んでいった。言い換えれば、素人女性たちとのあいだに、その時々の状況に応じて、ボケとツッコミの関係を作り上げたのである。

その姿は、同じく素人がフィーチャーされた『天才・たけしの元気が出るテレビ‼』でのビートたけしのそれとはかなり違っている。たけしは、番組に出演した素人のことを、笑いを作り上げる共同作業の相手とは思っていない。むしろ、個性的な素人が登場するVTRを見て浮かべるしかめ面が物語るように、素人とは一定の距離を保っている。

それがダウンタウンの松本人志になると、こうした素人との距離はさらに大きくなる。〝笑いの求道者〟である松本にとって、素人と絡むことは二次的なことである。したがって、松本の笑いの世界を理解するために素人は努力しなければならない。その実例が、先述した「お笑い共通一次試験」である。このような姿勢は、「来るものは拒まず」的なさんまのスタンスとは対照的だ。

タモリとオチのない笑い

では、タモリとダウンタウンの関係はどのようなものだっただろうか？

ダウンタウンは、1989年から93年にかけて『笑っていいとも！』にレギュラー出演していた。そこではタモリを「おっさん」呼ばわりするなど、彼らしさを発揮した部分もあった。しかし、笑いの基本スタイルからすると、タモリは「ボケとツッコミ」という型にあまり従ってはいない。それゆえ、ダウンタウンとタモリのあいだにはやはり隔たりがある。

とはいえ、『ガキ使』や『ごっつ』を始めたころのダウンタウンと、〝密室芸人〟であったタモリとは、お笑い芸人としての立ち位置が似ていなくもない。密室芸人・タモリの独自な芸風は、お昼の番組である『笑っていいとも！』では薄まった感があったものの、失われたわけではなかった。

1981年に始まった『今夜は最高！』（日本テレビ系）は、密室芸とジャズをフィーチャーした、タモリならではのバラエティ番組だった。

毎週、土曜夜11時に始まるこの30分番組では、ホスト役を務めるタモリが毎回、女性パートナーと男性ゲストを迎えるかたちをとっていた。

まず、短いスケッチから始まる。これは短めのコントで、その締めの言葉として必ずタモリが「今夜は最高」と言い、そこから番組がスタートする決まりになっていた。そして、お酒を飲みながらのトークコーナー、長めのスケッチ、生演奏によるゲストらの歌（タモリがトランペットを演奏した）、エンディングという流れになっていた。

この構成からもわかるように、同じバラエティと言っても『ひょうきん族』のようなものではなく、コントや歌、トークをバランスよく織り交ぜた1960年代の『夢であいましょう』や『シャボン玉ホリデー』に近いものだった。ただ、コントの内容としては、映画やドラマのパロディが多かった。それはタモリの芸風を生かしたものだった。

見逃してはならないのは、この番組では往々にしてコントに「オチがない」ということだ。例えば、「海老フライと私」（第1回放送）と題された、タモリと竹下景子による連作スケッチは、次のようなものだった。

一つ目のスケッチで、ウエイター役のタモリは、店の客に扮した竹下の海老フライを食べてしまう。それと同じシチュエーションの二つ目のスケッチでも、タモリは最後に竹下の海老フライを食べてしまう。そして三つ目のスケッチも、同じようなシチュエーションである。では最後にどうするのか？

よくある笑いのスタイルであれば、二つ目までのスケッチがフリになって、三度目は何か違うオチがあっていいところだろう。あるいは同じ結末にするとしても、何かひねりが欲しいところだ。ところが高平哲郎が書いた台本のト書きには、「結局、やはりタモリが海老フライを食べてしまうんでしょうねぇ」とあった。つまり、オチをつけることを拒否したのである。新宿のスナックで密室芸を披露していた頃からの仲間である高平は、「タモリの場合、食べてしまったあと、何かリアクションをしてくれる」ことを期待した。「オチを言ってから、あるいはオチのないところで終わってからタモリがどう切り回していくか。そこにおかしさがある」と考えたのである（『今夜は最高な日々』）。

ここで思い出されるのは、ルールとリズムをめぐるタモリのエピソードである。ルールや様式を嫌うタモリにとって、たとえそれがコントであっても、定番のオチで終わるのはよしとしなかったのではないか。仲間内の密室であれば、ルールを徹底して無視しても問題はないだろう。ジャズのセッションのように、自由にアドリブを奏でればよい。だがテレビ番組である限り、一定の様式は尊重しなければならない。では、その制約からどのように逃れるか。そこでタモリが出した答えは、オチを決めず、敢えてどちらともつかない微妙な雰囲気を作り出すことだった。そのときカメラはタモリの顔をアップにし、セリフを待つ。こうしてタモリの一瞬の表情や一言の間《ま》を捉えることで、笑いを生みだすのである。

つまり、『今夜は最高！』の本質は、伝統的なバラエティ番組の形式を借りた密室芸にあった。そうすることではじめて、タモリの密室芸は、テレビの中に安定した居場所を見つけたのである。

わかりやすいオチを巧みに笑いにするのもプロだが、オチのないシチュエーションを笑いにするのもプロである。タモリが後者であるとすれば、「トカゲのおっさん」を笑いに昇華させるダウンタウン、ひいては松本人志も、やはり後者だろう。その意味で、両者は共通している。

ただしダウンタウンは、自分たちの笑いが「一番」だと考えていた。東京に進出して間もない頃、親しいスタッフに対して2人は、「東京で天下取りたい」と言っていた（伊藤、前掲書）。それに対してタモリは、ルールとリズムの挿話からも分かるように、自分が楽しめる笑いにこだわった。「我が道を行く」この路線は、『今夜は最高！』が1989年に終わって後、90年代になると、よりはっきりしたものとなる。その頃からタモリは、新しく始まったいくつかの番組で、自身の多趣味ぶりを世間に知らしめるようになっていく。

趣味人・タモリへの道

1990年に『タモリの音楽は世界だ』（テレビ東京系）がスタートした。歌謡曲といった日本の流行歌だけでなく、クラシック、ロック、ヒップホップ、さらには世界各地の民族音楽など、多種多様な音楽を扱うユニークなクイズ番組だった。この番組でタモリは司会を務めるだけでなく、トランペット演奏を披露したりするなど、かねてから趣味として きた音楽をそのまま番組にしたような内容となっていた。

それに対して、1994年に始まった『ジャングルTV〜タモリの法則〜』（TBSテレビ系）は、司会者としてよりも芸人としてのタモリを前面に押し出そうとして始まった番組だった。ヒップホップ系のダンスとネタトークを絡ませた「古今東西ブラザーズバンド」には、音楽に笑いを絡ませたいという演出上の意図もあった。その点では『今夜は最高！』の流れを汲んでもいた。

だが、実際にそこで前景化してきたのは、密室芸人としてのタモリというよりも、『タモリの音楽は世界だ』でも垣間見えた趣味人としてのタモリであった。

番組の目玉コーナーとなった「炎の料理人伝説　ジャングルクッキング」は、与えられたテーマ料理を完成させるために、出演者が各工程を分担して作るというものだった。ところがタモリは、このコーナーの主旨から外れて、趣味である料理に対するこだわりを発揮し始めた。「これ、こうしたほうが美味いんだよね」などと言いながら、テーマ料理のために用意された食材を使って自分好みの料理を勝手に作り、番組進行そっちのけで試食するようなことが増えた。そのうち、タモリ専用の七輪まで用意され、脱線することが当たり前のようになっていく。

テレビプロデューサーの横澤彪は、「あんまり人間に興味ない。興味ないというか好きじゃない。人間と関わることや人間関係がすごくわずらわしい」というタモリ本人の弁を引きながら、タモリは本質的に人間嫌いではないかと推察している（横澤、前掲書）。横澤がタモリに感じた「人間嫌い」は、これまで何度かふれてきた、「偽善」に対するタモリの嫌悪感と根は同じであろう。若きタモリにとって「偽善」から逃れる方法は、セッション感覚で付き合える気の合った仲間とともに過ごすことであった。それが、密室芸に結実したわけである。

だが、「偽善」から逃れる方法はもうひとつある。それこそが、自分の趣味の世界に沈潜することである。タモリにとって音楽や料理は、そうしたものであった。そして2000年代に入ると、タモリの多彩な趣味とマニアックな知識がテレビでも頻繁に披露されるようになり、そこをメインにした番組が増えていった。

こうしたタモリの変遷は、『タモリ倶楽部』にも見て取れる。この深夜番組は、『いいとも』と同じく1982年に始まっている。番組の当初の目的は、『いいとも』では実現が難しい、密室芸人としてのタモリの活躍の場を残すことにあった。だからこそ、下ネタやお色気企画が定番化していたし、山田五郎やみうらじゅんといったサブカル系有名人も頻繁に登場したのである。

ところが2000年代に入ると、企画の傾向が変わっていく。『タモリ倶楽部』の構成を務めた放送作家・高橋洋二によれば、「2003年くらいから（中略）タモリさんの得意なジャンルのネタをやるようになった」（『TV Bros.』２０１４年3月15日号）。鉄道、地質学、古地図などがそれであり、「そこでタモリというタレントの評価のパラダイムが変わった」（同誌）と高橋は述懐する。

いまや『タモリ倶楽部』の定番の一つとなった鉄道関連の企画も、その頃から顕著に増え始めている。その結果、タモリはお笑い芸人としてではなく、むしろ博識なマニア、趣味人として尊敬され始める。このあたりについては、次章で詳しく述べることにしたい。

芸人世代論はなぜ１９９０年代に定着したのか？

この章を閉じるに際して、「お笑い第3世代」をきっかけとする芸人世代論が、なぜ１９９０年代に定着したのかを整理しておきたい。

まず芸人世代論の誕生には、当時の芸人とテレビの関係があった。

すでに述べたように、「お笑い第3世代」という呼称は、１９８０年代後半に起こった「ポスト漫才ブーム」、「ポスト『ひょうきん族』」のバラエティを追求する流れの中で生まれてきたものだった。そこには、テレビ・ディレクターの吉田正樹が言っていたように、漫才ブームで台頭した芸人たちの後に続く若手芸人たちの受け皿になるテレビバラエティを作ろうという当時の作り手たちの意識があった。

漫才ブーム、そして『ひょうきん族』は、端的に言えばそれ以前のお笑い、テレビバラエティの破壊者だった。

1960年代後半のテレビバラエティは、ドリフターズとコント55号を軸に動いていた。コント55号は、テレビ画面からはみ出すほどのダイナミックな動きによって、ドリフターズは、『8時だョ！全員集合』(TBSテレビ系、1969年放送開始)における、徹底して作り込まれたコントによって、それぞれ一世を風靡した。

漫才ブームや『ひょうきん族』は、それらを〝仮想敵〟としていた。コント55号、とくに萩本欽一はその後、素人を起用した「欽ドン」シリーズなどで、優しい笑いで一世を風靡したが、それに対してB&Bは、広島と岡山との地方格差ネタを、ツービートは「毒ガス」ギャグなどの過激な笑いを、それぞれ打ち出した。そして、作り込まれた『全員集合』の笑いに対しては、段取り無視のアドリブを前面に押し出した笑いを対置させた。このようにすることで、漫才ブームや『ひょうきん族』の笑いは、新たな時代の主流となった。

こうした流れを踏まえて、来るべき時代のお笑いやテレビバラエティを担うよう期待されたのが、「お笑い第3世代」であった。この「第3」という呼称には、いま述べたようなお笑いの変遷が踏まえられており、コント55号やドリフターズのようでもないが、かと言って漫才ブームや『ひょうきん族』のようでもない、新時代の笑いを切り開く新世代という意味が込められていたのである。こうしたお笑い史観の下で、コント55号とドリフターズは「お笑い第1世代」であり、タモリ、たけし、さんまは「お笑い第2世代」だと、初めて区分されるようになった。

しかし、すでに述べてきたように、ダウンタウン、とんねるず、ウッチャンナンチャンを中心とする「お笑い第3世代」も、その内実に目を向ければ、一括りにできるようなものではなかった。「ポスト漫才ブーム」「ポスト『ひょうきん族』」を担う世代という意味では同じだが、それをどう担うかという点では、同じではなかった。

それには、ちょうどこの時期、日本社会が大きく変わろうとしていた転換期であり、「お笑い第3世代」に属するコンビが、そのなかのどのタイミングでブレークしたかという、微妙な違いが影響しているように思える。

例えば、とんねるずがブレークしたのは、バブル景気の真っただ中であった。当時の浮かれた社会の雰囲気に呼応するように、彼らは体育会的なノリを武器にテレビの世界で暴れ回った。それは、1980年代前半の消費文化、遊び気分の盛り上がりを背景に誕生した漫才ブームや『ひょうきん族』が体現した、常識の破壊者としての魅力をさらに増幅させたものだった。その意味において、「お笑いビッグ3」ととんねるずは、世代論的には違っていても、笑いのあり方としては本質的には地続きの関係にある。

それに対してダウンタウンは、関西ではすでにブレークしていたとは言え、『ガキ使』や『ごっつ』のヒットで全国区の存在となったのは、平成に入ってからだった。そのため彼らの笑いは、バブルが弾けた後の平成日本の雰囲気を色濃く反映させていた。

平成期に目を向けると、1991年にバブルが崩壊し、95年には阪神・淡路大震災や地下鉄サリン事件が起きた。バブル景気に沸いた80年代後半とは打って変わって、社会の各所で綻びがあらわとなり、不安が広がる時代となった。

そこにおいてダウンタウンの笑いは、一種の救いとして機能したように思える。戦後の昭和期とは異なる笑い、ボケとツッコミの伝統的なスタイルではない、新しい笑いが求められるようになるなかで、ダウンタウンのフリートークやコントは、実験的で過激な面もあったものの、新しく魅力的な「笑いの共有関係」を私たちにもたらしたのである。

こうして1990年代において、「お笑い第3世代」、なかでも「前衛」として突出した存在であったダウンタウンと、もはや「古典」となった「お笑いビッグ3」とが拮抗しつつも共存する状況が生まれた。そこにおいて芸人世代論はより説得力を増し、「笑う社会」はさらに発展することとなった。

ところが2000年代に入ると、「前衛」だったダウンタウンの笑いも、スタンダード化していく。今度はダウンタウンの笑いが、「古典」になり始めるのである。章を改めて、その経緯を見ていくことにしよう。

第3章 『M-1グランプリ』と「お笑いビッグ3」

1　ダウンタウンが「スタンダード」に

「前衛」から「スタンダード」へ

ダウンタウンをはじめとする「お笑い第3世代」と、すでに地位を確立していた「お笑いビッグ3」の双方が拮抗する1990年代にあって、お笑いの世界はひとつのピークを迎えた。新旧の世代が対峙しつつも共存するなかで、両者の笑いに触れることで笑いのリテラシーを身に着けたファンや視聴者が一定の層をなすことによって、「笑う社会」としての日本社会は高度な発展を遂げたのである。

だが、その一方で時代は動いてもいた。実験的とも言える最先端の笑いで「前衛」に位置していたはずのダウンタウンの笑いは、次第に一般の人々にとっての笑いの「スタンダード」となっていった。それに伴い、「お笑いビッグ3」の立ち位置も、徐々にではあるが変化していく。2000年代はそうした変容が進むなかで、お笑い芸人のあいだにおいても、「ボケとツッコミ」という笑いの基本スタイルをめぐって、新たな模索が始められた時代だった。

その分岐点となったのが、2001年にスタートした漫才コンクール『M－1グランプリ』である。まずはそこに至るまでの流れを、ダウンタウンの笑いのスタンダード化という側面から見ていこう。

『24時間テレビ』のダウンタウン

いったん1992年まで時計の針を戻す。それまでのダウンタウンの芸風からすると、異例というべきオファーが、この年に舞い込んだ。日本テレビのチャリティ番組『24時間テレビ』のメインパーソナリティ就任の依頼である。

毎年夏に放送される『24時間テレビ』は、実はその頃、存続の危機にあった。

1978年に始まった『24時間テレビ』は、チャリティを前面に押し出し、24時間にわたって生放送するという、当時としては画期的なイベント性もあって、その年の平均視聴率は15・6％を記録。「寝たきり老人にお風呂を！身障者にリフト付きバスと車椅子を！」というテーマを掲げ、募金額は予想を上回る約11億9000万円に達した。この成果を受け、1年限りの予定だった『24時間テレビ』は、毎年恒例となっていく。だが、それ以降は視聴率も下降気味で、とうとう91年には平均視聴率6・6％まで落ち込んでいた。

こうした状況を受けて1992年、第15回の放送に際して、番組スタッフは大幅な軌道修正を図った。チャリティの主旨に忠実で真面目なものから、エンタメ性をより重視したものへと方針転換したのである。歌と音楽を前面に押し出し（このとき、エンディング曲として毎回歌われる「サライ」が、テーマソングとして作られている）、いまやお馴染みのチャリティマラソンも始まった。

ダウンタウンをメインパーソナリティに起用したのも、そうしたエンタメ路線の一環だったのは間違いない。ただし、ダウンタウンを起用することに危惧する声も少なくなかった。過激なトークや、ときに暴力的とすら受け取られかねない彼らのコントは、チャリティという趣旨からほど遠いものと思えたからである。例えば、『24時間テレビ』の出演者のギャラをめぐる話は、この番組がチャリティを前面に押し出しているだけにタブー視されていたが、ダウンタウンの2人は、『24時間テレビ』の直前に放送された『ガキ使』のトークで、そのことをネタにしてもいた。

本番を迎えても、そんな2人の姿勢は変わらなかった。番組開始早々のトークでも、「おい、もう番組始まってもうたぞ」と浜田が振ると、松本が「いや〜、眠たいね」と返し、浜田が「いきなりかい！」とツッコむ。「寝ないで頑張る」ことが美徳になっていた『24時間テレビ』を皮肉ってみせたのである。お笑いが中心となる深夜の時間帯では、低温花火や電気のこぎりを人に向ける場面があり、視聴者から抗議が殺到した。

とはいえ2人は、感動することをはなから拒んでいたわけではない。番組も佳境を迎えた頃、ダウンタウンも歌うように促された。その時、ある視聴者からのファクスが読み上げられた。娘がダウンタウンのファンで、『24時間テレビ』で映し出されたカンボジアの子どもたちの姿を見て涙を浮かべていたという内容だった。それを聞いていた浜田の目には涙がにじみ、それにつられないよう松本が必死にこらえている表情が映し出されたのである。

この年の平均視聴率は17・2％で、前年から飛躍的に上がり、番組史上最高の数字を記録した（その後、2005年にこの記録は破られる）。この成功を受けて、歌とマラソンという二本柱は、その後の『24時間テレビ』に受け継がれていった。

この番組への出演は、ダウンタウンの2人にとっても、ファン層の拡大という点で大きな出来事となった。日本テレビの菅賢治は、次のように振り返る。「あの番組をきっかけに、ダウンタウンはすべての年齢層に浸透していった感じがする。『ガキの使い』の視聴者も、かなり広がりましたね」（伊藤、前掲書）。

ダウンタウンを中心にした「笑いの共有関係」

こうしてダウンタウンの存在は、コアなお笑い好きだけでなく、広く世間にも知られるようになった。それとともに2人の活動の場は、お笑い番組やバラエティ以外にも広がっていった。松本人志のエッセイ集『遺書』（1994年9月）は250万部を売り上げる大ベストセラーとなり、浜田雅功は役者として『人生は上々だ』（TBSテレビ系、1995年放送）、『竜馬におまかせ！』（日本テレビ系、1996年放送）などのドラマで主演を務めるようになった。

こうしたなかで、音楽番組『HEY! HEY! HEY! MUSIC CHAMP』（フジテレビ系）（以下、『HEY! ×3』と表記）がスタートした。1994年のことである。ダウンタウンが音楽番組のMCを担当するという意外性で話題になったが、この番組が興味深かったのは、そこにダウンタウンを中心にした「笑いの共有関係」が生まれ始めていたことである。

『HEY! ×3』は音楽番組であるにもかかわらず、ダウンタウンとゲストのフリートークを前面に押し出したという点で画期的だった。従来の音楽番組は、トークがあってもごく短いもので、当然ながらゲストの歌や演奏を聴かせることがメインだった。『HEY! ×3』はその構図を逆転させたのである。それができたのは、卓抜したフリートークの力がダウンタウンにあったからだった。

T.M.Revolution（西川貴教）のように、ダウンタウンに対して一歩も引かずにトークで渡り合い、評判になるミュージシャンも出てきた。小室哲哉がゲストの際には、トークのなかで浜田が「曲をプロデュースしてほしい」と頼んだのがきっかけで、2人のユニットであるH Jungle with tが誕生し、そのデビュー曲『WOW WAR TONIGHT』(1995年発売)はダブルミリオンを売り上げる大ヒットとなった。浜田はこの年の『NHK紅白歌合戦』にこの曲で出場し、歌唱中に松本が乱入したことも話題になった。

『HEY! ×3』における「笑いの共有関係」という点で最も象徴的だったのは、次のような光景だった。ゲスト出演した歌手やミュージシャンが、ダウンタウンとトークをする。すると、そのゲストはわざとボケて、浜田にツッコまれようとする。念願かなって、頭を叩かれるなどしてツッコまれると、当人は喜んでガッツポーズ。そういう光景が繰り返されたのである。

言うまでもなく歌手やミュージシャンは、お笑いに関しては素人である。その意味ではテレビの前の視聴者と何も変わらない。そんな彼らが、浜田にツッコまれることを切望する。そこには明らかに、ダウンタウンを中心にした「笑いの共有関係」に参加したいという欲望を見て取れる。そこでの関係性は、第1章でふれた漫才ブームにおける「笑いの共有関係」と比べて、演者と観客とを隔てていた距離が縮まっており、より密接なものとなっている。前章で取り上げた「お笑い共通一次試験」に参加する一般視聴者との関係と比べても、より直接的になっていると言えるだろう。

島田紳助という理解者

こうした現象は、ダウンタウンの笑いがスタンダードとなりつつあったことを如実に表している。だが一方で、同じ芸人たちから評価されなければ、彼らの笑いは完全なかたちでスタンダードになったとは言えない。

その点でキーパーソンとなったのが、島田紳助である。

島田紳助は、松本竜介とコンビを組んだ紳助・竜介で、漫才ブームの一角を担った。彼らの漫才は「ツッパリ漫才」と呼ばれ、派手なリーゼント・スタイルにつなぎ姿で不良ネタを演じた。実際の不良がそのまま舞台に登場したようなリアルな雰囲気が、当時としては新鮮だった。

しかしそれは素のままではなく、そこには紳助一流の分析と計算があった。あらゆる漫才を見て面白さの秘密を探ろうとした紳助は、「「上手い」と言われる人たちの漫才には「間」が多い」ことに気付く。普通の漫才が1分間に十いくつの間だとしたら、上手い漫才は1分間で二十は間があった（島田『自己プロデュース力』）。

とはいえ、当時の紳助・竜介には、間をつくる技術も、それを習得する時間的な余裕もなかった。そうしたなかで、あるとき紳助は、玄人から「上手い」と言われる漫才と、お客さんが「面白い」と思う漫才とは違うという、もうひとつの点に気づく。

そこで彼が考えたのが、「「間」を極端に少なくする」ことだった。「コンビ同士の掛け合いではなく、片方が一方的に圧倒的に喋ることによってリズムをつくる」（同書）。この逆転の発想によって、紳助・竜介は活路を開いたのである。

紳助によれば、漫才ブームをともに担ったB&Bやツービートも、同じような発想をしていた。「それまでの漫才が4ビートだとしたら、「そんなのは古いねん。オレたちは8ビートでやろう」と言って、漫才のテンポを早くした。それを偶然同時にやったのが紳竜、B&B、ツービート。そして、そのスタイルはいつの間にか主流になっていった」（同書）。

ところが、NSCに講師として招かれて行った際にダウンタウンの漫才を見た紳助は衝撃を受ける。彼らの漫才のテンポが遅かったからである。「ダウンタウンの笑いは4ビートでした。かといって古いわけではなく、ネタの中身は僕たちの漫才と同じように、若い人に向けたものでした。それを違うリズムでやっていたんです」（同書）

それは、ビートたけしも気づいていたことだった。前章でも引いたので繰り返しになるが、たけしは松本人志との対談でこう言っていた。「（漫才ブームは）あの当時としては新しいことをやってたんだけど、かなり荒いんだよね。その時代のあとに出てきたダウンタウンはもっときめ細かい。おいらの二、四、六、八というネタの切り取り方が、一、二、三、四でとってきたという感じ。乗ったときは、○・一とか○・二の刻みでとり出したという感じがある。（中略）それは進化だと思う」（『コマネチ！』）

「二、四、六、八」ではなく「一、二、三、四」だと、ダウンタウンの笑いをリズムの観点から分析するあたり、まさに紳助の分析に通じるところがある。ただ、たけしと違って紳助は、それをより深刻に自らの敗北として受け止めていた。

その後、何年か経ち、紳助はうめだ花月でダウンタウンの漫才を再び見ることになった。まだダウンタウンが無名の頃である。前にも書いたように、年配の客には全然ウケていなかった。だが、舞台袖で見ていた紳助は、二人の漫才を見て、紳助・竜介の解散を決意する。「その時、ダウンタウンの4ビート漫才は完全に完成していた。それは、8ビートを続けていた紳竜よりずっと完成度が高かった」（島田、前掲書）。

1985年5月、紳助・竜介の解散を発表した記者会見の席で、解散の理由として紳助はダウンタウンの名を挙げた。当時まだ無名と言っていいダウンタウンの名前が出たことに周囲は驚いたが、それはダウンタウンが次なる笑いのスタンダードとなることを、紳助が予言した場面でもあった。

2　『M−1グランプリ』という〝実験場〟

『M－1グランプリ』誕生

その後、島田紳助はタレントに転身し、バラエティ番組だけでなく報道番組のMCとしても評価されるなど大成功を収める。だが、たった8年で辞めてしまった漫才に対して「恩返ししたいという気持ち」を持ち続けてもいた（『M－1完全読本 2001－2010』）。

2000年代に入った頃、テレビの世界で漫才は下火になっていた。「電波少年」シリーズ（日本テレビ系、1992年放送開始）や『ガチンコ！』（TBSテレビ系、1999年放送開始）のように、ドキュメンタリータッチのロケ企画をベースにした「ドキュメントバラエティ」と呼ばれる番組が、バラエティの中心となっていた。ダウンタウンにしても、漫才を披露することはほとんどなくなっていた。

吉本興業にとってそれは看過できない状況だった。NSCから毎年、多数の新人漫才コンビが巣立っていく吉本にとって、漫才を見せる番組がない状況を放っておくことはできない。そこで生まれたのが、漫才の復興を目的とする「漫才プロジェクト」だった（ラリー遠田『M－1戦国史』）。

担当者である谷良一は、ある日、島田紳助の楽屋を訪れ、たまたま漫才プロジェクトの話をした。すると紳助は、堰を切ったように、漫才への熱い思いを語り始めた。そして、「若手漫才師を対象にした漫才コンクール」というアイデアが飛び出す。それは、「参加条件を吉本興業所属に限定しない」、「決勝戦は全国ネットのテレビで放送する」、「賞金は一千万円」という、きわめてスケールの大きなコンクールの構想だった。紳助のこの提案に共感した谷は、スポンサー獲得など各方面に奔走した。こうして2001年に『M－1グランプリ』、通称M－1が誕生したのである（同書）。

松本人志、M－1の審査員になる

改めて言うまでもないが、「M－1」のMは漫才（manzai）の頭文字を意味する。この「M－1」という呼び方は、当時、人気を博していた打撃系格闘技の大会「K－1」からインスパイアされたものだった。ここからもわかるように、紳助がそこで思い描いていたのは「笑いの格闘技」であった。キャリアや知名度、人気にかかわりなく、生放送において、ネタで真剣勝負をおこない、純粋に一番面白い漫才を決める。それがM－1だと考えたのである。

しかしながら、本物の格闘技と違って漫才では、当人同士が実際に戦って優劣を決められるわけではない。そこで重要になるのが、審査員の存在である。もちろん、笑いにはそれぞれの好みがあり、絶対的な基準はないという考えかたは根強い。だからこそ、出場する漫才師だけでなく視聴者も「このひとが評価するのなら」と納得するような審査員を選び、審査も公開して透明性を確保する必要があった。

大会委員長を務めることになった紳助が、そこでこだわったのが、松本人志の審査員への就任だった。

M－1を立ち上げるのとちょうど同じ時期に、島田紳助は、松本人志と共演する『松紳』（日本テレビ系、2000年放送開始）というバラエティ番組を始めていた。

2人のフリートークをフィーチャーする番組で、喫茶店の窓際の席を模したセットに座った紳助と松本の2人が、気の向くまま自由にトークをする。話題は、日常的な身辺雑事から世の中のニュースや時事問題まで、多岐に及んだ。

その一つに、お笑い論があった。『松紳』には、漫才など若手お笑い芸人のネタを2人が鑑賞する企画もあり、そこでは必然的にお笑いをめぐるトークで盛り上がった。そうした流れのなかで、M－1の話も出てくるようになった。

その際、審査員としての松本のことが話題になったこともある。第2回M－1が開催される前のこと、出場組数が第1回（1603組）よりも第2回（1756組）のほうが増えていることにふれて紳助は、1700組のうち1200組ぐらいは松本を目指していると指摘。「そんなん、わかんないじゃないっすか」と否定する松本に対して、「いやいや。そうやって。松本を慕って入ってきたヤツがほとんどやで」と改めて強調した上で、紳助は「だから、おまえ、今年も審査員やってくれよ。やっぱ責任取らんとあかんで」と頼み込んだ（島田・松本『松紳』。ただしこのくだりは番組未公開のトークを収めたもの）。

このやり取りを見ても、紳助はM－1のことを〝ダウンタウン以後〟のイベントとみなしていたことがわかる。言い換えれば紳助は、ダウンタウンが笑いのスタンダードとなったからこそ、M－1というイベントは誕生し得たととらえていたのである。

松本人志は、2001年の第1回M－1から、いったん終了した2010年の第10回まで、第4回を除いてすべての回で審査員を務めている。2015年に再開した第11回から20年の第16回までを含めると、全16回のうち14回で審査員になっている。この回数は、他の審査員に比べて抜きん出て多い。

M－1の本質とは？

ここで、2001年から10年までの『M－1グランプリ』を振り返ってみよう。

第1回M－1は2001年に開催された。このときの出場組数は、先ほどもふれたように1603組で、12月25日にテレビ朝日系列で放送された決勝戦の平均視聴率は9・0％だった。優勝したのは中川家である。審査員は島田紳助、松本人志、鴻上尚史、ラサール石井、春風亭小朝、青島幸男、西川きよしが務めた。さらに札幌、大阪、福岡の3地区から一般審査が加わった（一般審査は2回目から廃止された）。

2回目以降、M－1は徐々に評判を高めていく。出場組数、平均視聴率、いずれも右肩上がりで、年末恒例の一大イベントとして定着していった。出場組数が最も多かったのは第10回で4835組に上った。第1回の3倍超の数である。平均視聴率について言えば、第8回の23・7％をはじめ、コンスタントに高視聴率を記録するようになり、多くの視聴者が注目する番組となっていく。

では、どのような漫才が良い成績を収めたのだろうか？

漫才は大別すると、しゃべくり漫才とコント漫才にわけられる。このうち、友人同士の日常的な雑談のようなスタイルを基本にしたのがしゃべくり漫才であり、ネタのなかで客と店員、交際中のカップルといった設定を決め、その役を演じるのがコント漫才である。

ナイツの一人として、ファイナルラウンドまで進出した経験のある塙宣之によれば、第1回から第10回までの計10回のうち、6回はしゃべくり漫才のコンビが優勝している。中川家、ますだおかだ、ブラックマヨネーズ、チュートリアル、NON STYLE、そして笑い飯である（塙『言い訳』）。

しゃべくり漫才の元祖は、昭和初期に関西で活躍した横山エンタツ・花菱アチャコとされる。いま挙げた6組もすべて関西のコンビである。当然、話し言葉は関西弁になる。ナ

『M－1グランプリ』優勝者（第1回から第10回まで）

コンビ名の後の（　）内は当時の所属事務所

第1回（2001年）	中川家（吉本興業）
第2回（2002年）	ますだおかだ（松竹芸能）
第3回（2003年）	フットボールアワー（吉本興業）
第4回（2004年）	アンタッチャブル（プロダクション人力舎）
第5回（2005年）	ブラックマヨネーズ（吉本興業）
第6回（2006年）	チュートリアル（吉本興業）
第7回（2007年）	サンドウィッチマン（フラットファイヴ）
第8回（2008年）	NON STYLE（よしもとクリエイティブ・エージェンシー東京）
第9回（2009年）	パンクブーブー（よしもとクリエイティブ・エージェンシー東京）
第10回（2010年）	笑い飯（よしもとクリエイティブ・エージェンシー東京）

（著者作成）

イツは東京・浅草を拠点とする関東のコンビだが、塙の言葉を借りれば「関東言葉のしゃべくり漫才で戴冠したコンビは誰もいなかった」。

もうひとつ注目したいのは、10回のうち7回は吉本興業（よしもとクリエイティブ・エージェンシー）に所属するコンビが優勝していることである。M－1が誕生した経緯からも明らかなように、そもそもこの大会自体が、低調だった漫才を復興させようと吉本興業が目論んだプロジェクトの産物であった。しかも吉本興業は、他の事務所よりもはるかに多くの若手漫才師を抱えており、確率論から言っても、そこから少なからぬ優勝者が出てもおかしくはないだろう。

だが、島田紳助が「笑いの格闘技」を理想としたことからもわかるように、所属事務所による有利不利があったわけではない。視聴者も真剣勝負の醍醐味を感じたからこそ、M－1はここまでのコンテンツに成長し得た。ただ、1980年代の漫才ブームがそうであったように、吉本のための大会という側面があったことは否めない。それは事務所の力とは関係なく、歴史的にみてM－1が、関西発祥のしゃべくり漫才の伝統、言い換えれば「ボケとツッコミ」を基本にした笑いのスタイルを守り続けていくことを、暗黙の重要課題としていたからである。

しかし、2000年代に始まったM－1には、1980年代の漫才ブームとは異なる面もあった。それは、ダウンタウンの笑いを経験していたことである。M－1に出場したコンビの多くは、関東、関西にかかわりなく、ダウンタウンの革新的な笑いを体験し、多少なりとも影響を受けていた。ナイツの塙宣之にしても、小学生のときにテレビで見たダウンタウンの自由なスタイルに感銘を受け、「一生、松本さんの背中を追いかけよう」と誓ったと述懐している（同書）。

「ボケとツッコミ」の〝実験場〟と化したM－1

このようにM－1出場者の多くが、ダウンタウンの影響を受けていたことから、M－1は「ボケとツッコミ」の〝実験場〟という様相を帯びた。「ボケとツッコミ」という漫才の基本は崩さないが、そこに創意工夫を加えることで新しい漫才のスタイルを生み出そうとするコンビが毎年のように登場し、注目を集めた。ダウンタウンの実験精神は、こうしたかたちで継承されたのである。

第2回から第10回まで9回連続で決勝に進出し、第10回で悲願の優勝を果たした笑い飯はその代表格だ。

彼らのスタイルは、「ダブルボケ」と呼ばれる。普通の漫才では、ボケ役とツッコミ役とに明確に割り振られて、ネタが進んでいく。だが笑い飯の場合、哲夫と西田幸治の2人はツッコミもそこそこにして、競うようにボケ合戦を繰り広げる。

例えば、第9回で披露された「鳥人《とりじん》」をみてみよう。審査員だった島田紳助が、M－1史上初となる100点満点をつけたことでも話題になったネタである。

このネタは、鳥を飼いたいのに親に許してもらえない子どもの願いをかなえてくれる「鳥人」が存在するという話から始まる。「鳥人」は、頭は鳥で、首から下はタキシード姿の人間という摩訶不思議な存在である。そこから、哲夫と西田の2人が交代で「鳥人」になるボケ合戦が始まる。親には見えないインコを子どもにあげると言いながら、それは子どもにも見えないというボケから始まって、延々とボケの応酬があり、最後は森進一の胴体に鳥の頭がついた「とりしんいち」、そして、千葉真一の両手が手羽先になった「てばしんいち」が登場して終わる。

このネタも、〝ダウンタウン以後〟を色濃く感じさせる。「鳥人」という、動物と人間の中間のような存在というシュールな発想そのものが「トカゲのおっさん」を思い起こさせるし、「とりしんいち」や「てばしんいち」といった語呂合わせは、前章でも触れた、『一人ごっつ』の大喜利で松本人志が得意とした言葉遊び、「出世させよう」に通じるものがある。

ボケのスタイルに工夫を凝らしたという意味では、第8回のファイナルラウンドに進出(3位)して以降、3回連続で決勝進出を果たしたナイツもそうだろう。

彼らの代名詞である「ヤホー漫才」は、ネタの構成が独特である。「宮崎駿」といった、ある一つのテーマに沿って、インターネットで調べたプロフィルを紹介するというのが基本だが、その紹介を塙がことごとく言い間違える。相方の土屋伸之は、それを一つひとつツッコむ。そのツッコミは、一種の句読点のような役割を担っており、塙はそれには我関せずという感じで、ひたすらボケを繰り返す。多くの場合、漫才のネタは、軽い導入的な笑いから始まって、最後のところで爆発的な笑いとなるよう構成されているが、「ヤホー漫才」の場合、最初から最後まで一定のリズムで進んでいく。見ている側は、その呪文のような面白さにハマるとクセになる。

ツッコミのありかたに新風を吹き込んだコンビもあった。第4回で準優勝となった南海キャンディーズはそんな一組だ。

山里亮太のツッコミは、これまでにあまりないタイプのものだった。通常ツッコミは、「そんなわけないだろ」とか「そんなアホな」のように、ツッコミ役がボケ担当の非常識をたしなめ、修正するものであることが多い。つまり、ボケを否定するのがツッコミの基本である。

ところが山里のツッコミでは、相方のしずちゃんのボケを直接、否定することがない。第4回で披露したネタでは、手術の場面でナース役のしずちゃんが、なぜか突然、「火を怖がるサイ」を始める。すると医者役の山里は、それを否定したりせず、「ダメだー、オレ、こんな状況初めてだ～」と途方に暮れる。そうかと思うと、山里が「汗っ」と、額の汗を拭くようにしずちゃんに促すと、制汗スプレーを山里の腋に噴きかける。そこでの山里のツッコミは、「ゴメンとしか言えないわー」というもの。どちらの場合も、「やめなさい」といった否定形のものではない。

このように、いったんボケを正面から受け止め、けっして否定しないツッコミのスタイルは、2019年の第15回大会で話題になったぺこぱの「ノリツッコまない笑い」を思い起こさせる。ぺこぱもそこに属している「お笑い第7世代」については次章で詳しく述べるが、南海キャンディーズは「お笑い第7世代」の笑いを先取りしていたとも言えるだろう。

「ボケとツッコミ」のシステム自体を、新たな発想でアレンジするコンビも現れた。

2008年の第8回大会で敗者復活から準優勝となったオードリー。彼らの漫才は「ズレ漫才」と呼ばれる。春日俊彰がツッコミなのだが、若林正恭《まさやす》が持ち出す話題に対するツッコミは、その中身にしてもタイミングにしても、色々な意味でズレている。若林はそれにツッコミ返したりするのだが、春日は自分のスタイルをいっさい変えず、最後まで2人の掛け合いは嚙み合わない。だが、にじみ出る2人の仲の良さと相まって、このズレは、見る者に新鮮な印象を与えた。

具体的に見てみよう。第8回大会で彼らが披露した「部屋探し」のネタ。いま住んでいるアパートには風呂がないと若林が言うと、春日が「屋根もねえだろ！」とツッコむ。若林は、それだと雨がザアザア入って来ると引き取り、「俺んちはダムかよ！」とツッコみ返す。だが、それには春日はまったく反応しない。ところが、しばらくして、別の話題でのやり取りがひとしきり終わったところで、「オイ、さっきのダムの話はどうなった?」と蒸し返す。そのズレが、見ている側を不意打ちにし、笑いを誘うのである。

第9回大会で初の決勝進出を果たしたハライチは、「ノリボケ漫才」と呼ばれる独自のスタイルを持ち込んだ。岩井勇気のボケに対して澤部佑は、ツッコまずにそのボケにすべてノッてみせる。ツッコミがツッコミの用をなさず、ほとんどボケのようになっているのである。

例えば、岩井がペットを飼いたいと言い始め、ではどんな条件のペットがいいか、という話になる。最初は「おとなしいペット」など普通の展開だったのが、やがて、「抜け目ないペット」などと岩井が言い出す。すると澤部は、「二日酔いのときにウコンをくわえて走って来るとかね」などと乗っかる。岩井はそこから飛躍して、「おんぼろなヨット」「スカスカのニット」「見られてるずっと」「カモシカにベッド」などと、あらぬ方向へ展開していく。それでも澤部は一つひとつのボケに全部ノッて、その言葉が連想させる小芝居をやり続けるのである。

キャラクターのショーケースとしてのM-1

こうしてM-1は、漫才の復興を成し遂げるとともに、一種の進化の場となった。そして一方で、このM－1が、テレビのバラエティ番組にもたらした波及効果も小さくなかった。なぜならM－1は、面白いキャラクターのショーケース（見本市）としての役割も担っていたからである。

「笑いの格闘技」であるM－1では、ネタの出来具合だけでなく、4分という持ち時間のなかでいかにインパクトを与えるかも重要になってくる。目を引く服装や髪型、動作、しゃべりかたなどのキャラクターも、不可欠な要素となるのである。そして、コンクールの結果とは別に、キャラクターの面白さを認められた芸人は、M－1出場を機にバラエティ番組への出演が一気に増えることになる。

ただしその場合、コンビのどちらかがソロで起用されるケースが少なくない。一般にバラエティでは、フリートークやロケ、リアクションなど、その番組の企画に合ったキャスティングとなるからである。このため、企画の趣旨に合った芸人のみがソロで起用されることが多くなる。その点では、漫才ブームの後に始まった『オレたちひょうきん族』において、コンビが解体され、ソロとして出演するようになったのと似ている。

オードリーの春日などはその典型例だろう。がっしりとした体格、きっちり七三に分けられた髪型とピンクのベスト、そして妙にふてぶてしい態度。それらが相まってキャラクターとして注目され、過酷なロケや体力を生かした挑戦企画などで欠かせない存在となっていった。

２００４年のＭ－１で優勝を果たしたアンタッチャブルのひとり、ザキヤマこと山崎弘《ひろ》也《なり》も、そのキャラクターが人目を引いた例だろう。結婚式の二次会をイメージしたという白ネクタイに白シャツ、黒のスラックスというお決まりのスタイル。そして、どんな場でもボケ倒し、最後には周囲を自分の笑いの世界へ巻き込んでいく。盛り上げ上手でパワフル、そして明るいキャラクターは、バラエティ番組で引っ張りだことなった。

そうかと思うと、コンビのうちのツッコミ役が、バラエティのＭＣとして活躍の場を広げるケースもあった。

南海キャンディーズの山里亮太は、豊富なボキャブラリーを活かしてＭＣ業に進出していった一人だが、２００３年の第３回大会で優勝したフットボールアワーの後藤輝基《てるもと》も、山里と似ている。後藤の場合、バラエティ番組のブサイク芸人変身企画で、相方である岩尾望の変貌ぶりに「高低差ありすぎて耳キーンってなるわ！」とツッコむような、なにかに例える「例えツッコミ」がブレークのきっかけだった。

当初、ボケ役の岩尾望のほうが、「ブサイクキャラ」で目立っていた。Ｍ－１に優勝した際にも後藤は、絶妙な岩尾のボケを引き立てる堅実なツッコミ役に徹していた。しかしその後、バラエティ番組への出演機会が増えるなかで、「例えツッコミ」を編み出す。そして２０１１年に『行列のできる法律相談所』（日本テレビ系）のＭＣに起用されるなど、その地位を確立していった。

ひな壇番組の意味

後藤にとって「例えツッコミ」は、芸人として目立つための苦肉の策であった。「（同じ若手芸人が）みんなどんどん目立つけど、全然目立たれへんわって思って、収録中にフリスクを1箱ガリガリかみながら〝結局きょうも駄目だった〟の連続。どうすんねんと思って試行錯誤して、いろんな経験を積んで編み出したんです」と彼は振り返る（２０１４年12月9日付『スポーツニッポン』）。

２０００年代に入って、バラエティの世界では、いわゆるひな壇番組が増え始めた。ひな壇番組では、1人（1組）のＭＣに対して、芸人を中心とした多数の共演者がひな壇のようにずらりと並んでトークを繰り広げる。２００3年に放送がスタートし、現在も続く『アメトーーク！』（テレビ朝日系）がその代表例だ。

ひな壇のどこに座るかには、暗黙のルールがある。例えば新人や無名の芸人は、ＭＣから一番離れた後列（上段）の端っこである。それに対して、ＭＣのサポート役を期待される実力派の中堅芸人は、前列（下段）の中でもＭＣに一番近いところである。つまり、ひな壇で座る位置には、芸人におけるヒエラルキーが反映されている。新人や若手の場合、MCから遠く離れた端っこの席で笑いをとって目立つことからスタートし、ひな壇でのポジションをひとつずつ上げていく。最終的には、自らMCを務めるまで出世することを目指すのである。

後藤輝基は、そうした出世の階段を上り詰めた一人と言える。M－1に優勝したことで、バラエティ番組に数多く出演するようになったが、そこで満足したりせず、「例えツッコミ」を武器にして、ひな壇のその他大勢からスタートして、MCまで上り詰めた。そのことは、テレビバラエティを支える人材の輩出が、M－1のひとつの存在意義になっていることを物語ってもいるだろう。

3　2000年代の「お笑いビッグ3」、それぞれの道

さんまとM－1

こうして、お笑いの世界にM－1が新たな流れをもたらした2000年代に「お笑いビッグ3」はどうなっていただろうか？

3人のなかで明石家さんまは、M－1の発案者である島田紳助と同期で、長年にわたっ

て盟友関係を保ってきた。だが、さんまはM－1に対して、自分の番組などで常々、疑念を呈してきた。それは「笑いに点数をつける」ことへの疑問である。さんまにとってお笑いとは、競争させるようなものではない。好みはそれぞれで、そのひとが面白いと思ったならば、それでよい。だから、お笑いを審査すること自体に無理がある。

この考えを貫くならば、さんまがM－1と交わることは決してない。だが、「笑いに点数をつける」ことの難しさは、紳助にしても松本人志にしても重々承知しているだろう。彼らは、漫才という芸能を守っていくには、M－1のような競技性を加味したイベントも必要だと、ある意味で割り切っている。両者のこうした違いは、ずっとピン芸人としてやってきたさんまと、漫才からスタートした2人との違いからも来ているだろう。

だが、俯瞰的に見ると、M－1とさんまの立ち位置は、じつは補完し合ってもいる。なぜなら、ひな壇番組のフォーマットを確立させたのは、さんまだからだ。

先ほど後藤輝基についても述べたように、M－1とバラエティ番組のあいだには連動している面があった。M－1で注目された芸人には、そのまま漫才という芸を磨いていく道ももちろんあるが、他方でひな壇番組などのバラエティに出演して活躍し、番組MCのポジションを目指す道もある。その象徴的な存在こそ、多人数を相手にしたトークバラエティのMCとして1990年代から数々の番組を成功させてきた、さんまだったのである。

さんま、「お笑い怪獣」になる

こうして、お笑いの世界におけるさんまの存在感は、ますます巨大化していった。そのことを表現するのが、「お笑い怪獣」という呼称である。どんな番組であろうと、共演者に対してさんまは、とことん面白くするよう求め、しかも最後は自分ですべてオチをつけて、笑いを自分のものにしてしまう。決して妥協せず、人並外れて笑いに貪欲なさんまの、そうした姿を指して、こう呼んだのである。

「お笑い怪獣」という呼び名が誕生したきっかけは、フジテレビのバラエティ番組『めちゃ×2イケてるッ！』（以下、『めちゃイケ』と表記）に、さんまがゲスト出演した時にある（1998年4月4日放送）。

この日、さんまは、かつて『ひょうきん族』で人気を博した「お待ち娘」のバニーガールに扮して登場。手にはメガホンを持ち、ナインティナインの岡村隆史をはじめとする『めちゃイケ』メンバーを相手に、番組を仕切り始めた。

サプライズ出演だったため、見つからないよう長時間隠れなければならず大変だったという話で笑わせたかと思うと、「リハーサルから声を張れ！　リハーサルはスタッフ用、本番は茶の間用」「もっと笑いに貪欲になれ！」とダメ出しする。ナインティナインの矢部浩之が、「さんまさんが全部（笑いを）持っていってしまうんでは？」と疑問の声を上げると、「それは絶対ありません」と誓う。しかしそれでもさんまの『めちゃイケ』メンバーいじりは止まらず、最後はことごとく自分でオチをつけてしまう。

すると、『めちゃイケ』メンバーの中で、特にいじられ続けた岡村が、「これだと持ってる力の半分も出ないと思います」と不満を言う。「なんでや？」と聞くさんま。「緊張です」─「注意ばっかりやないですか」「アメがないんですよ。ムチばっかりで」と答える岡村。だがさんまはそうした抗議もどこ吹く風で、すかさず「ムチ舐め!!」とツッコんで笑いにしてしまう。

そこで飛び出したのが、「お笑い怪獣」というフレーズだった。「笑いという畑を全部踏み荒らす怪獣」、それが明石家さんまというわけである（2018年4月1日付『Smart FLASH』）。

むろん、さんまと『めちゃイケ』メンバーのこうした一連のやり取りは、あくまでネタである。だから、『めちゃイケ』メンバーがさんまをツッコみ、それにさんまがノリツッコミしてみせることもある。

だが、基本的にさんまは笑いの教育者であり、先生のような存在であるからには逆らえない相手であり、それに対して生徒である後輩芸人たちが、なんとか認めてもらおうとする構図は動かない。そしてより大事なのは、「お笑い怪獣」と呼ばれるようになったことでさんまの絶対性が強調され、記号化されたことである。実態としてはそれまでと変わらないかもしれないが、「お笑い怪獣」と称されることで、さんまが笑いという点である種人間離れした存在であること、離れた次元にいる孤高の存在であることが、ある意味で公認されたのである。

孤高の存在となったさんま

このように、さんまが孤高の存在となっていったことは、２００８年の『ＦＮＳ27時間テレビ』を見ることで、確かめることができるだろう。明石家さんまがこの番組の総合司会を務めるのは、１９８９年以来、19年ぶりのことだった。

この年の基本コンセプトは「原点回帰」であった。すでに述べたように、もともと『27時間テレビ』は、日本テレビの『24時間テレビ』の感動路線に対抗して、笑いに徹するという方針で始まったものだった。ところが、回を重ねるにつれて、感動の比重が高まってきた。そこで、笑いという原点に立ち戻ろうとしたのである。

その原点とは、より具体的には『オレたちひょうきん族』に代表される１９８０年代の笑いである。それゆえ、サブタイトルは「みんな笑顔のひょうきん夢列島!!」。そして、

『ひょうきん族』のディレクターのひとりだった三宅恵介が翌09年に定年を迎えることもあり、『ひょうきん族』の中心メンバーだったさんまとたけしが、久しぶりにメインで出演することになった。とりわけ総合司会のさんまは、番組冒頭のナレーションに「人は27時間しゃべり続けられるのか」とあったように、ほぼ出ずっぱりの状態であった。

この番組におけるさんまの獅子奮迅の活躍ぶりは、当時のフジテレビの人気番組とのコラボ企画に凝縮されている。さんまは、『はねるのトびら』、『クイズ！ヘキサゴンⅡ』、『ネプリーグ』、『めちゃイケ』といった番組に、「パーデンネン」「アミダばばあ」といった往年の『ひょうきん族』のキャラクターに扮して乗り込み、各番組のメンバーとお笑いバトルを繰り広げたのである。

それは、「お笑い怪獣」という異名を生んだ『めちゃイケ』でのパフォーマンスを連戦でこなすようなものだった。実際、『はねるのトびら』に出演していたキングコングの梶原雄太は、「いまからお笑い怪獣が来るから」と漏らしていた。

その一方で、芸人・明石家さんまの本音が垣間見えるような瞬間も、この『27時間テレビ』にはあった。

深夜に放送される恒例の企画、「さんま・中居の今夜も眠れない」に出た際、ミュージシャンのBEGINに対して、さんまは番組のエンディングテーマを作ってほしいと無茶ぶりを発揮。その結果、出来上がったのが、グランドフィナーレで歌われた「笑顔のまんま」だった。テレビでは決して泣かないことで評判だったさんまも、この時ばかりは感極まった表情だった。

楽曲づくりにあたって、さんまはBEGINに対して、歌詞の中に「生きてるだけで丸もうけ」というフレーズを入れてくれるように頼んだ。「生きてるだけで丸もうけ」は、さんまが座右の銘としてたびたび持ち出す言葉である。人間は生きていることそれだけですでにプラスであり、それ以上を望む必要はないという意味合いだ。

そもそもさんまにとって、「生きてるだけで丸もうけ」という言葉は、芸人として生き続ける自らの覚悟を示したものだった。

BEGINに楽曲づくりを依頼した時のことを振り返ったインタビューで、さんまは次のように語っている。さんまにとって、「今の支えは周囲の「さんまはいつまでやってくれるんだろう」という期待感と、それに対する「俺がやらなきゃ誰がやる」というところだけ」。駆け出しの、まだ売れなかった頃は、自ずとハングリーになれた。だが今はもう、そうではない。地位もお金も得たいま、ハングリーさは自分の心の持ち方によって維持するしかない。その究極の表現が、「生きてるだけで丸もうけ」なのである（『本人』11号）。

ここには、孤高の存在となったさんまの心境がうかがえる。「怪獣」は身近にいれば恐怖だが、怪獣自身にとってみれば、いつの間にか、そういう存在にされてしまったことへの不安と戸惑いがある。だが、そういう気持ちになるのも束の間、「「やっぱりさんまだ」と言ってもらうたびに、今こそそれに乗っからなくては、テレビで生きていかなきゃ」と思い直し、「お笑い怪獣」を全うし続けるのである（同誌）。

「武」と「たけし」の〝ふれ幅〟効果

一方、この頃のビートたけしは、「映画監督・北野武」として精力的に映画を撮り続けていた。『HANA-BI』（1998年公開）、『菊次郎の夏』（1999年公開）、『BROTHER』（2001年公開）、『Dolls』（2002年公開）、『座頭市』（2003年公開）、『TAKESHIS'』（2005年公開）、『監督・ばんざい！』（2007年公開）、『アキレスと亀』（2008年公開）と、2000年代だけでも、6本もの監督作品が公開されている。

こうしたなかで、自分の映画は日本では正当に評価されていないという苛立ちも募っていた。その結果、『TAKESHIS'』では本人役など一人二役をたけしが演じる自虐的な世界が描かれたり、『監督・ばんざい！』では「キタノ・タケシ監督」の苦悩が描かれたりした。

この頃のたけしが「世界」を基準にしたテレビ番組を企画したのは、そうした〝脱‐日本〟志向の表れだろう。1998年にスタートした『ここがヘンだよ日本人』（TBSテレビ系）は、日本に住んでいる外国人約100人をスタジオに招き、国際結婚や食文化など身近な問題から、いじめや日韓関係など教育、政治問題にいたるまで、多岐にわたるテーマを議論する番組だった。外側の視点から、日本社会の矛盾や奇妙さを浮き彫りにしようというコンセプトであった。

ただ、たけし自身はそうした葛藤を抱えていたものの、北野映画に対する評価は、海外を中心に高まっていった。

1999年のカンヌ国際映画祭で『菊次郎の夏』が上映された際には、スタンディングオベーションが巻き起こり、しばらく鳴りやまなかった。2007年には、カンヌ国際映画祭が選んだ著名監督35人のなかに、日本人として唯一選ばれもした。また2005年には東京芸術大学大学院映像研究科の特別教授に就任し、映画界だけでなく、アカデミズムからも、その芸術性が認められた。

こうして映画監督・北野武の地位は、揺るぎないものとなった。そこには当然、社会的権威が伴う。映画監督・北野武は「偉い」ひとになったのである。そしてそのことは、お笑い芸人・ビートたけしにとって、絶好のフリになる。権威を身にまとった人間が、奇妙な扮装で無茶をしたり、つまずいて無様にコケたりすれば、たとえ単純であっても、それだけで面白い。〝ふれ幅〟による効果である。

その効果が最大限に発揮されたケースのひとつが、先述した2008年の『27時間テレビ』だった。

たけしはそこで、彼なりの「原点回帰」を見せた。「日本全国名人大発見」というコーナーで、たけしは「牛田モウ」、「海田ニョロ」などと名乗り、全国各地の〝地元の名人〟として、奇妙な扮装をして登場したのである。その中で「火薬田ドン」は東京の名人で、花火師にもかかわらず打ち上げ花火に失敗してボロボロになるという一人コントを演じた。また、『ひょうきん族』でおなじみだった「鬼瓦権造」に扮し、さんまの愛車に勝手に乗り込んで暴走するなど、『27時間テレビ』でかつて行った「車庫入れ」を〝再現〟する場面もあった。

ここでの〝ふれ幅〟効果は、たけし自身も当然、自覚していただろう。「去年（引用者注：2008年のこと）あたりから、ワザと池に落ちたりなんかして大好評なのよ。あれやってウケるためには、偉くなんないといけないわけ。若手が池落ちても面白くないわけだから。いちばん面白いのは総理大臣だからね」（2009年3月31日付『スポーツ報知』）。

こうして、「映画監督・北野武」と「お笑い芸人・ビートたけし」の二つの顔を使い分けるスタイルが確立された。それだけでなく、俳優やコメンテーターとしても、引き続き活発に活動していった。

俳優としては映画『バトル・ロワイアル』（2000年公開）や『血と骨』（2004年公開）などに出演、ドラマでは『武蔵 MUSASHI』（2003年放送）で、NHK大河ドラマに初出演している。さらに『点と線』（テレビ朝日系、2007年放送）をはじめとした松本清張原作のスペシャルドラマにたびたび出演するようになった。コメンテーターとしては、長寿番組として現在も続く報道・情報番組『新・情報7daysニュースキャスター』（TBSテレビ系、2008年放送開始）への出演が始まった。

これらの仕事も、たけしにとっては「偉く」なるためという側面があったのかもしれない。逆に言えば、映画監督、俳優、コメンテーター、作家など異分野の活動が増えれば増えるほど、お笑い芸人であり続けるにはどうすればいいかが、たけしにとっての重要課題となっていった。それは結局、『オレたちひょうきん族』、ひいては漫才ブームがもたらした1980年代的な笑いを、さんまとは異なる流儀で守り続けることであった。

「くだらなさ」の美学とその行方

お笑い芸人としてのアイデンティティを確認するための、そうした行為は、たけしの場合、映画監督としてのキャリアをスタートさせた1990年代からすでに始まっていた。

なかでも深夜バラエティは、その格好の表現の場であった。

1991年に『北野ファンクラブ』（フジテレビ系）がスタートする。たけしと放送作家・高田文夫のフリートークがメインの深夜番組である。

このようなかたちになった背景には、1981年から、たけしと高田文夫の2人で続けてきたラジオの深夜放送『オールナイトニッポン』が、90年に終了したことがある。

ビートたけしにとって、ラジオでのトークは、芸人であり続けるための大切な拠り所だった。「オールナイトのファンが一番オイラのことを理解してくれた」とたけしは言う。「テレビやなんかだと時間的に制約が有ったり、やばい所をカットされたりする」が、ラジオは「好き勝手が言える場」であった（オールナイトニッポン&高田文夫編『ビートたけしの幸せ丸十年』）。テレビ、芸能界、そして世間への毒舌であれ、はたまた過激な下ネタであれ、自由に話せる雰囲気がラジオの深夜放送にはあった。

いま引用したところでもそうだが、『オールナイトニッポン』でのたけしは、下町言葉である「オイラ」を一人称として使っていた。それは、高田文夫と相談して、意識的にそうしようと決めたことだった（高田『江戸前で笑いたい』）。たけしにとってラジオは、生まれ育った下町の世界を再現する場であった。と同時に、ポール牧など浅草の芸人エピソードが繰り返し語られたように、芸人としてのルーツを再確認する場でもあった。

要するに、たけしにとって深夜ラジオとは、下町にルーツを持つ「ひとり団塊世代」の芸人としての原点を確認する場にほかならなかった。そして『北野ファンクラブ』は、高田文夫と2人で続けた深夜ラジオを引き継ぐ、テレビ版『オールナイトニッポン』であった。高田と繰り広げる歯に衣着せぬ毒舌トークはもちろんのこと、弟子のたけし軍団とともに意味なく全裸で登場し、「亀有ブラザーズ」というグループ名で下ネタだらけの替え歌を披露したのは、その意味で当然の流れだった。

そこには、「くだらない」ことに対する芸人・ビートたけしの偏愛、美学がある。「もうちょっとくだらないのやりたいなあって。フリチントークショーとか。好きなんだよ、くだらないのが。最低だなっていうのが好きなんだね」(『余生』)と語るたけしは、『北野ファンクラブ』でその願望をかなえたのである。

しかしそれは、深夜だからこそ許されることで、たけしにとって、同窓会的なものにすぎなかった。前章で述べたように、『元気が出るテレビ!!』などゴールデンタイムの番組でのたけしはすでに「一歩引いた」存在になっていたし、映画監督として名声を得て以降、お笑い芸人としてのアイデンティティを守るためのフラストレーションはさらに募った。

さらに1994年8月、ほとんど乗ったことのなかったオートバイで、たけしは自損事故を起こし、瀕死の重傷を負う。顔面麻痺が明らかに残る状態での退院会見は、鮮烈な印象を残すものだった。それは事故ではあったが、多くの人からすると、無意識の自殺行為と思えるような出来事であったし、たけし自身にとってもそれは同様であった。「みんな俺が事故なんかやってコケていくのを見て「何やらかしてんだろう」とか思うじゃない？やっぱりそれは俺、意識して自殺したわけじゃないけどさあ。なんでオートバイ乗ってんだかね、バカだよね」（同書）。

たけしにとって、当時の状況は次第に窮屈なものとなっていたのである。「ひとり団塊世代」としてのたけしは、「空気」を読む内輪ウケの笑いに強い反発を感じ、それを壊したいと考える。それゆえ、「何でもあり」の「くだらない」「最低」の笑いをやりたいと望む。だが、今や「一歩引いた位置」にいる「偉く」なったたけしには、それもままならない。外側に向かうはずの攻撃性は、ますます自分に向けられる。

あえて言うなら、そうしたジレンマは、たけし自身が招いた面もあった。自分の生まれ育った下町的な世界、そして、青年期のたけしにとって唯一の居場所であった浅草の街とそこに生きる芸人の世界をこよなく愛しながらも、すでに自分はそこから脱け出した人間である。しかも、自分が世に出るきっかけとなった、テレビ主導の漫才ブームこそが、浅草的な芸人の世界をますます窮地に追い込んだのである。

1999年から2000年にかけてゴールデンタイムで放送された『神出鬼没！タケシ

ムケン』（テレビ朝日系）は、そうした状況を打開しようとする意欲を感じさせるものだった。かつて裏番組同士でライバル関係にあったドリフターズの志村けんとタッグを組むことで、この番組は話題になった。「バカ殿様」などを思い出すまでもなく、安易な意味づけを拒否する「くだらない」笑いへの偏愛という点で、志村とたけしは共通していた。この番組でも当然、たけしと志村は、一般人にいたずらを仕掛ける企画、まずいラーメン屋を決定する企画など、「くだらなさ」をベースにした笑いを追求した。しかしながら、視聴率が振るわず、番組は1年で終了してしまう。

結局、時代と波長がなかなか合わないなかで、お笑い芸人・ビートたけしの闘いは続いていった。2008年の『FNS27時間テレビ』での反響は、たけしの健在ぶりを再確認させるものであったが、孤軍奮闘ぶりを印象づけることにもなった。

散歩する趣味人・タモリ

たけしとは対照的に、自らの原点に立ち返ることで、時代との良好な関係を築くことに成功したのがタモリであった。

前章でも述べたように、2000年代に入ると、『タモリ倶楽部』の企画内容に変化が起こる。それまでのサブカル的な企画、パロディ的な企画よりも、鉄道や地図、地質学といった、タモリの趣味を反映した企画の比重が急速に高まった。放送作家・高橋洋二の言葉を借りれば、「そこでタモリというタレントの評価のパラダイムが変わった」のである（『TV Bros.』2014年3月15日号）。

例えば、2002年にスタートした『トリビアの泉～素晴らしきムダ知識～』（フジテレビ系）も、その変化の一端を示した番組だろう。生きていくうえで取り立てて必要のない雑学的な知識を紹介して人気を博したこの番組で、タモリ（出演は2003年から）は、トリビア（雑学的知識）の品評会会長というポジションを与えられた。つまりここでのタモリは、ある種の知的面白さを象徴する存在となっている。

これはテレビ番組ではないが、「日本坂道学会」での活動も、この時期のタモリの立ち位置を知るうえで欠かせない。「学会」と称してはいるが、酒場で偶然知り合った同じ坂道好きとタモリしか会員のいない同好会的サークルであったが、曲がりなりにも「学会」と称するところに知的な趣がある。

1970年代にタモリは、ジャズ・ピアニストの山下洋輔、作家の筒井康隆らとともに「全日本冷し中華愛好会」（「全冷中」）なる団体を作ったことがある。冷やし中華が夏場限定のメニューであることに不満を抱いたタモリたちが、夏でなくても冷やし中華が食べられるようにするために設立したものだった。仲間内の知的な遊びという点で、日本坂道学会は、それに近いものがある。

この学会の活動としてタモリは、東京各所の坂道を実際に訪れ、「勾配の具合、湾曲のしかた、江戸の風情、名前の由来・由緒」といった、独自の鑑賞ポイントに照らして坂道を評価するという活動を行っていた。その成果は、後に『タモリのTOKYO坂道美学入門』(2004年)という本にまとめられている。

そして2008年、日本坂道学会での活動の拡大版とも言うべき街歩き番組『ブラタモリ』(NHK)がスタートする。

芸能人がさまざまな街のお店や名所を訪ね歩く街歩き番組は、1990年代から2000年代にかけて人気を博し、テレビの一ジャンルとして定着した。ただ、その手の多くの番組と違って、『ブラタモリ』には、やはり知的な要素が多分に含まれている。タモリは毎回、一つの街や観光地を訪れ、古地図や地形図を手にぶらぶら歩きながら、その土地の歴史、風土、文化などの由来を解き明かしていく。クイズ形式で出された難問にタモリが正解し、案内役の専門家たちをたびたび驚嘆させるのも、この番組ではおなじみの光景だ。

実際、その土地の古地図や地形図を携えながら、過去と現在に思いを馳せるタモリの姿は、芸能人というよりは歴史家か考古学者のような趣がある。こうして、専門家にも劣らぬ知識や観察眼を披露する姿を通じて、博識な趣味人というタモリのイメージは決定的なものとなった。

“理想の大人”となったタモリ

そしてこの時期、タモリは、若者たちから尊敬される対象になっていく。明治安田生命が毎年新入社員を対象に行っている「理想の男性上司」アンケート調査を見ると、タモリは2006年に9位にランクインし、08年には4位を記録するなど、トップ10の常連となっている。

このように、2000年代に入ってタモリが尊敬の対象となり始めた背景には、日本文化のオタク化の進行があるだろう。

ある特定の分野についての知識が深く、関連グッズなどを収集する人を指して「オタク」と呼ぶ習慣も、すっかり定着した感がある。現在の一般的な語感では、特定の分野が何であるかは問われない。例えば、歌舞伎に詳しくて熱心に観劇に通う人は昔から数多く存在する。しかし、そうした人たちを「歌舞伎オタク」と呼んでも、違和感を抱く人はもはや少ないだろう。

だが、そもそも「オタク（おたく）」という言葉は、マンガやアニメなどのサブカルチヤーに精通した人々に限定して使われていた。評論家の中森明夫が、同人誌のコミックマーケットに集う人々が互いを呼ぶ際に「おたく」という二人称を用いていることに注目し、総称としてこの言葉を1983年に用いたことから広まった。

哲学者の東浩紀は、2001年に出版された『動物化するポストモダン』のなかで、「オタク」とは「七〇年代に台頭した新たなサブカルチャーの担い手」であるとした。オタク系の文化は、ごく一部の特殊な人々のものではなく、その文化の構造にはポストモダンの本質、すなわち「七〇年代以降の文化的世界」の本質がきわめてよく現れている、というのが東の主張である。

東によれば、ポストモダンには、二つの特徴がある。一つはシミュラークルによる支配である。作品や商品のオリジナルとコピーの区別が弱くなり、そのどちらでもない「シミュラークル」という中間形態が支配的になるのがポストモダンである。マンガやアニメのファンの間で盛んな原作の二次創作（原作者ではないファンなどが、作中のキャラクターを用いて創作すること）は、その一つのかたちである。

もう一つの特徴は、大きな物語の凋落である。20世紀半ばまでの近代国家では、社会全体のまとまりを確保するために様々なシステムが存在していた。思想的には、人間や理性の理念、政治的には国民国家や革命のイデオロギー、経済的には生産の優位というように。

こうした「大きな物語」は、ポストモダンにおいてうまく機能しなくなり、社会全体のまとまりが急速に弱体化する。オタクたちが、同じマンガやアニメを愛好する者同士による趣味の共同体に閉じこもるのは、そうした大きな物語の凋落に反応した社会的選択なのである。

この二つの特徴は、ここまで触れてきたタモリの人となりにも当てはまるであろう。

例えばタモリは鉄道マニアとして有名だが、なかでも鉄道の時刻表を見ながら、空想の旅を楽しむ時刻表マニアであるという。それは一種の二次創作に近いもの、シミュラークルの次元の遊びということができるだろう。また『タモリ倶楽部』で、まるで実在する街のように空想の街を細部まで作り込んだ架空地図の特集をしたときに、タモリは強い関心を示していたが、そこにも似たものが感じられる（2013年6月28日放送）。

大きな物語の凋落に関しては、これまで度々ふれてきたように、ルール全般がはらむ「偽善」に対してタモリが抱く嫌悪感に通じるものがあるだろう。個人の意思を無視して、指示や命令によって一律に従わせようとするルールをタモリは嫌悪する。そこには、「大きな物語」が重視する理念というものの、全般的な機能不全という事態に通じるところがある。その意味では、大きな物語が凋落するポストモダンの時代は、まさにタモリ的な生き方が支持される条件が整った時代なのである。

ただ一つだけ違うとすれば、タモリは趣味の共同体の一員にはならない、ということである。オタクの人々は、同好の士による共同体をつくる。日本社会においてそれは、「世間」のルールから逃れ、自分たちだけの小さな共同体をつくることである。そこには新たな「空気」、言い方を換えれば新たな内輪意識が生まれる。しかしその内輪は、良くも悪くも〝開かれて〟はいない。したがって、その中に入ってしまえば、そこにある空気から適度な距離をとることはきわめて困難となるだろう。その場合、空気を読むことは、イコール空気に従わされることになるだろう。

それに対して「人間嫌い」のタモリは、共同体に属することなく一人で趣味の世界に閉じこもり、自足しているように見える。

1990年代、『いいとも』においてタモリが、突然一人でボケて周囲の空気から浮いて上滑りしているように見えた時、「マンネリの象徴」だと否定的に言われたことがあった。ところが2000年代に入ると、同じような振る舞いが、周囲の空気に左右されない大人の証明と見なされるようになった。タモリ自身は、以前と何も変わっていないにもかかわらず、である。例えば、タモリが坂道鑑賞に目覚めたのは、幼稚園に行って、みんなと一緒にお遊戯をするのがとても恥ずかしくバカバカしく思えたので、ずっと家にひとりでいたことがきっかけだった。当時、タモリの家は、坂道の途中にあったのである（タモリ『タモリのTOKYO坂道美学入門』）。

こうして世間のタモリ評価は反転し、変わらぬ趣味人・タモリは、文化のオタク化が進む現代日本において、〝理想の大人〟となったのである。

2010年代に向けて

本章を閉じるにあたって、2000年代における「お笑いビッグ3」について整理しておこう。総じて言えるのは、ダウンタウン的な笑いがスタンダードとなり、その影響下にある『M－1グランプリ』が時代の潮流を形作るなかで、3人はそれらと直接かかわることなく我が道を歩んだということだ。

その中にあって、テレビバラエティの第一線に立ち続けた明石家さんまは、トークバラエティにおけるMCの頂点に君臨し、2000年代のお笑いの世界における一方の極であり続けた。その意味で彼は、M－1出場をきっかけにテレビバラエティ出演のチャンスを得た芸人にとっての目標であり、M－1の存在意義を補完する立ち位置にあった。

ビートたけしの場合は、お笑いへの思いを保ち続けながらも、自身の活動としてはお笑い以外の分野の比重がさらに高まっていった。なかでもメインになったのが映画監督としての活動であったことは、すでに述べたとおりである。そのなかでたけしは、お笑い芸人としてのルーツと、新たに獲得した「偉い」ひとという社会的地位とのあいだに生じた葛藤を抱えながら闘い続けた。

そしてタモリは、本来の趣味人としての生き方が、時代の流れとうまく合致するという幸運に恵まれた。オタク文化が徐々に文化の主流となっていくなかで、趣味人としてブレないタモリの生き方は、若者を中心に多くの人に支持され、尊敬の対象となった。直接の関係はなかったとは言え、吉本興業所属のさんまや漫才師のたけしにとって、M－1はまったくの無関係というわけにはいかないものだっただろう。だが吉本興業所属でも漫才出身でもないタモリにとってM－1は、2人よりもはるかに縁遠いものだったはずだ。そうした立ち位置も幸いして、タモリは、社会が大きく変わるなかで、それまでとは異なる仕方で評価される道を見出したのである。

では、2010年代以降の、笑いをめぐる状況はどうなっているだろうか？　そこには、1980年代から2000年代まで根本的には変わらなかった「笑う社会」に、注目すべき変化の兆しが現れてきているように思われる。そのことについて次章でみていきたい。

第4章
笑いの新たな潮流

ここまでみてきたように、2000年代までの「笑う社会」において、「ボケとツッコミ」という笑いの基本が揺らぐことはなかった。確かにダウンタウンが登場し、『M－1グランプリ』が隆盛するなかで実験的な試みも生まれた。その意味で「ボケとツッコミ」の笑いは、複雑さと深さを格段に増した。だが、そこでも「ボケとツッコミ」の基本パターンは維持されていたと言っていい。

ところが2010年代から現在にかけて、そうした基本構図そのものに、無視できない変化の兆しが見え始めているように思われる。本章ではその点に注目し、1980年代以来の「笑う社会」になにが起きているのかを探ってみたい。

1　お笑い芸人とユーチューバー——ネットの笑いはヌルいのか？

お笑い芸人は知的？

1980年代初頭の漫才ブーム以降、お笑い芸人という職業の社会的地位は上昇した。「人を笑わせること」の難しさを世間が認めるようになるとともに、お笑い芸人が尊敬される対象となったからである。「お笑いビッグ3」の息の長さは、そうした時代ならではのことでもあった。

そのことはやがて、お笑い番組やバラエティ番組以外へのお笑い芸人の進出を促す。「人を笑わせる」には頭が良くなくてはいけない、つまり知性が必要というとらえ方が浸透した結果、それまでアナウンサーやジャーナリストが担当してきた報道番組や情報番組・ワイドショーのメインにお笑い芸人を起用する流れが定着する。

政治討論番組であった『サンデープロジェクト』（テレビ朝日系、1989年放送開始）の司会者に起用された島田紳助は先駆け的な存在だろう。そして2000年代以降、情報番組などでのお笑い芸人のMC就任が相次いだ。極楽とんぼ・加藤浩次（日本テレビ系『スッキリ』、2006年から）、バナナマン・設楽統《したらおさむ》（フジテレビ系『ノンストップ！』、2012年から）、博多華丸・大吉（NHK『あさイチ』、2018年から）などは、すでに朝の顔としてもおなじみになっている。

さらにお笑い芸人は、こうした番組のコメンテーターを務めるようにもなっている。すでに触れたビートたけしのほか、カンニング竹山、ロンドンブーツ1号2号・田村淳、メイプル超合金・カズレーザーなどが代表例だ。いまや、時事問題へのコメント力を評価される芸人も少なくない。

お笑いと知性を結びつける、こうした流れは、芸人がお笑いを批評すること自体を活気づけもする。現在のバラエティ番組には、いまひとつブレークしない芸人が、同じ芸人仲間に今後の方向性を相談するといった企画が珍しくない。例えば、『ゴッドタン』（テレビ東京系）の「腐り芸人セラピー」（ハライチ・岩井らが芸人の仕事上の悩みを聞いて救済する企画）などはそのひとつだ。

そしてこうした芸人による芸人批評のなかで最も象徴的なのが、『M－1グランプリ』の審査員だろう。

前章で松本人志の審査員就任について書いたように、これまでM－1の審査員はほぼお笑い芸人で占められてきた。この光景に慣れたいまでは不思議に思わなくなっているが、かつて、こうしたお笑いコンテストの審査員は、評論家や文化人、あるいは芸人が務めるにしても、落語芸術協会会長でもあった四代目桂米丸のように、世代の離れた大御所が務めることのほうがはるかに多かった。その意味では、番組などで実際に共演することの多い芸人仲間が審査員を務めるようになったのは画期的なことであった。

〝芸人至上主義〟の背景

そこには、「芸人のことは芸人にしかわからない」という専門家主義、ひいては〝芸人至上主義〟も垣間見える。笑いには知性と、それに裏付けられた専門技術が必要で、それを素人が評価することは困難であり、ましてや真似することなど至難の業。だから、その領域を侵してはならない、という暗黙の了解である。

例えば、「すべる（滑る）」という表現がある。「ウケる」の対義語で、自信をもって繰り出したボケやギャグなのに、笑いがまったく起こらない状況や、そうした事態を招いてしまった芸人に対して使う言葉だ。

さまぁ～ず・三村マサカズによれば、この「すべる」という表現を定着させたのはダウンタウンである（2015年3月31日付のツイッターへの投稿より）。実際、「すべる」という表現は、ダウンタウンがMCを務める番組などで、松本人志が他の芸人へ一種のツッコミを入れる際によく使われる。また、芸人が選りすぐりのエピソードトークを持ち寄るバラエティ番組『人志松本のすべらない話』（フジテレビ系、2004年放送開始）において松本は、「すべる」ことを禁じる場の主宰者である。こうした場での彼は、芸人たちのパフォーマンスを評価し判定する立場にある。

ただ、笑いの評価基準そのものはそれほど厳密なものではなく、曖昧なところもある。その証拠に、「すべる」ことは必ずしも禁じられてはいない。例えば、第2回M－1の優勝者であるますだおかだの岡田圭右は、テレビにソロで出る際には「ワオッ」などの持ちギャグを唐突に繰り出し、しばしば「すべる」。だが、それが繰り返されるうちに、「すべる」こと自体が笑いを誘うようになる。このように「すべる」ことは、〝すべり芸〟という一種の芸として認められるようになっている。

なぜ、「すべる」ことが面白いと感じられるのか？　そこには当人ならではのキャラクターが関係しているだろう。すでにその人に対して強い親近感が形作られているとき、ギャグの失敗はその人の素の部分、人柄の良さをあらわにする。そこに、共感をベースにした笑いが生まれる。

要するに、〝すべり芸〟が成立するには、強固な内輪感覚が存在していなければならない。それは、テレビというメディアがここ数十年のあいだに醸成し、私たちのなかに根付かせたものだ。ここまで述べてきたように、１９８０年代初頭の漫才ブーム以来、テレビはお笑い芸人と世間のあいだの壁をなくして「笑いの共有関係」が広がる原動力となり、「笑う社会」の発展に寄与してきた。

だが同時に、それとは逆の進展もある。

「笑う社会」が発展するなかで、笑いは複雑さを増し、より高度なものとなっていった。その起点となったのが「お笑い第３世代」、とりわけダウンタウンの登場であり、その流れのなかで『M－1グランプリ』が誕生したという経緯は、これまで述べてきた通りだ。そしてその結果、笑いができる人とそうでない人、笑いがわかる人とそうでない人、といった評価基準による階層秩序（ヒエラルキー）が生まれていった。

要するに、テレビを中心として発展した１９８０年代以来の「笑う社会」の歴史においては、内輪感覚に基づく一体感の深まりと、笑いに関する個人的能力に基づく階層化という相反する動きが同時に進行してきた。このうち、先に述べた〝芸人至上主義〟は、階層化の帰結ということになる。お笑い芸人は、笑いのヒエラルキーの頂点に立ったのである。

ユーチューバーの台頭

ところが２０１０年代になると、ネットという新たなメディアが急速に普及し、それに伴ってエンタメを担う新たな職業が脚光を浴び始める。ユーチューバーである。

２０１９年末、こんなニュースが話題になった。学研ホールディングスが小学生を対象に行った調査「将来就きたい職業ランキング」の男子の部門で「YouTuber などのネット配信者」が1位になったのである。これは、この調査が１９８９年に始められて以来初のことだった。それを報じた記事によると、ユーチューバーが自由回答欄に初めて登場したのは２０１６年度のこと。それ以降、2位に入っていたという。

動画共有サービス YouTube がアメリカで公式に始まったのは２００５年12月。急速な成長を見せ、翌06年には Google に買収された。その頃から日本での利用者も急増し、07年2月には１０００万人を超え、ヤフーや楽天のような大手ポータルサイト、ＥＣサイトと肩を並べるまでになった（ネットレイティングスの調査結果による）。その後もYouTubeの投稿動画数、視聴者数はいずれも拡大していった。

その過程でひとつの転機となったのが、「YouTubeパートナープログラム」の開始である。自分のチャンネルや動画ページに広告を表示させることで広告収益が得られる仕組みで、当初はプログラム参加に厳しい条件が設けられていたが、２０１０年代に入って一般ユーザーにも開放されるようになった。それによって、ユーザー全体からみれば限られた数ではあるが、動画投稿によって生計を立てるユーチューバーも生まれた。

日本においてユーチューバーの存在が広く知られるきっかけとなったのは、２０１４年に流れたYouTubeのCMだろう。人気ユーチューバーが登場し、自己紹介や動画投稿を始めたきっかけを語る。なにより、そこに付された「好きなことで、生きていく」というキャッチコピーが話題を呼んだ。

仕事をして生きていくには我慢も必要だとするそれまでの常識を否定するようなこのコピーには否定的な声も少なくなかった。だが、遊びや趣味の延長線上のような動画で高収入を得ている人々が現実にいることへの驚きもあった。好きなことをやって、十分生活していける世界があるということが、子どもに憧れを抱かせる一因になったことは想像に難くない。

このような新時代のアイコン的存在となったのが、このCMにも登場したHIKAKINとはじめしゃちょーである。人気の指標のひとつであるチャンネル登録者数を見ると、CM放送時でHIKAKINは約450万人（2021年4月4日現在はメインチャンネルで900万人）、はじめしゃちょーは226万人超（同じく現在はメインチャンネルで913万人）となっていた。

お笑い芸人vs.ユーチューバー

彼らが投稿する動画の内容は、商品紹介やゲーム実況など様々である。ただそのなかで、笑いの要素は大きな比重を占めている。そうした類の動画が、視聴回数を稼ぐ傾向にあるからだ。

その典型として、動画タイトルに「〜してみた」とつくようなチャレンジものを挙げることができるだろう。はじめしゃちょーの動画「コーラ風呂に体中メントスで入ってみた」（2014年7月公開）は、本人がメントスを体中に張り付けてコーラ風呂に入る（二つを混ぜると泡が噴出することが知られている）とどうなるかを実験したもの。またHIKAKINの動画「【もはや鏡】アルミホイル2日間ハンマーで叩いたら超ピカピカの鉄球出来たw【ボール】」（2018年3月公開）は、タイトルにあるように、球状にしたアルミホイルをたたき続け、磨いてピカピカの鉄球にする工程を映したもの。いずれも１０００万単位の視聴回数を記録している。

これらに共通するのは、本気でやる人がいないようなくだらないことにわざわざ手間暇かけて挑戦するということである。ただし、彼らはお笑い芸人ではない。動画投稿を始めた頃、ＨＩＫＡＫＩＮはヒューマンビートボクサーであり、はじめしゃちょーは一般の大学生だった。笑いに関して、２人とも素人である。

とはいえ、彼らのやっていることは、お笑い芸人がテレビのバラエティ番組でやっていることと本質的には変わらない。例えば、「電波少年」シリーズでの芸人・なすびによる往年の人気企画「電波少年的懸賞生活」を思い出してもらえば理解しやすい。ひたすら懸賞に応募し、その賞品だけでいちから生活必需品を手に入れていくという内容は、普通だったら誰もやらないが、やってみたらどうなるか興味のあることだろう。それを企画化したという点で、いま挙げた2人の動画と共通している。

しかし、笑いの評価という点では、お笑い芸人はユーチューバーに対して、しばしば厳しい目を向けてきた。その立場を代表するひとりが、明石家さんまである。

さんまとはじめしゃちょーのテレビ初共演となった『さんまのまんま35周年ＳＰ』（フジテレビ系、２０２０年6月19日放送）に、次のような場面があった。

はじめしゃちょーが「芸能界のかたがYouTubeに来たり……」と最近の傾向を語り出したところ、さんまは「これはユーチューバーの人に謝らなあかんねん」と切り出す。なぜなら、YouTubeはさんまにとって「素人の領域」だからである。「だから、そこへプロが参入したらあかんと思ってた」のである。YouTubeが盛り上がるので芸能人の参入は歓迎するとしつつも、一方で「ちょっとヤべえな」と思うと語るはじめしゃちょーに、さんまは「かわいそうやんか」「せっかく素人が開拓してきた場所やのになあ」と同情気味に話していた。

この話題になる前段で、さんまは自分がテレビの全盛期に育ち、テレビに大きな憧れを抱いた世代であることを語っている。そのうえでさんまは、演者の立場から、テレビとYouTubeはまったく別物だととらえている。そして、プロと素人という区別の仕方、「かわいそう」という言いかたからは、笑いにおいてテレビとYouTubeは対等ではなく、あくまで中心はテレビにあるという意識が見え隠れする。

「ヌルさ」の意味

では、なぜYouTubeの笑いは、さんまのような芸人からは否定的にみられてしまうのだろうか？

それはおそらく、ユーチューバーの動画には「オチがない」からだ。正確に言えば、オチを前提にした構成にはなっていない。例えば、「〜してみた」という動画の場合、やってみた結果、意外なハプニングや展開が生まれ、それがオチのようになって笑いを生むことはある。しかし、必ずしもそれは意図して導かれたものではない。

さんまのような、常に笑いをとるための計算をしている立場からすると、こうした動画はそこに潜む笑いの可能性を最大限には引き出せておらず、「ヌルい」ものとみなされる。つまり、「お笑い怪獣」のさんまにとって、笑いへの貪欲さが足りないのである。

しかしながら、ユーチューバーの動画は、お笑い芸人のネタとはそもそもベクトルそのものが異なっている。ユーチューバーにとって、結果がどうなるかに関係なく、視聴者が求めているだろうことをやってみせるのが最も重要なのであり、やってみた時点で所期の目的は達せられている。別の言い方をすれば、視聴者の代表としてなんでもやってみること、そして視聴者の共感を得てバーチャルなコミュニティを形成すること、それがユーチューバーの目指すものなのである。

そうした身近なコミュニティ感覚が人気の源となっているユーチューバー集団が、フィッシャーズ（Fischer's）である。男性7人からなる彼らは、中学校の同級生である。その卒業記念に動画投稿を始めたのがきっかけだった。現在、チャンネル登録者数は663万人に上る（2021年4月4日現在）。

そんな彼らの動画の一つに「英語禁止ボウリングがおもしろすぎて全然集中できない件ｗｗｗ」（2018年1月21日公開）がある。3400万回を超える視聴回数を記録しているこの動画では、メンバーがボウリング場でボウリングをする。だが、そこにはルールがあって、英語を使うことが禁じられている。もし使ってしまったら罰ゲームを受けるという企画だ。

実はこの企画は、『志村&鶴瓶のあぶない交遊録』（テレビ朝日系、1998年放送開始）でも恒例だったもの。だから、借り物である。だが、そこで重要なのは、企画の独自性よりも、タイトルの「おもしろすぎて全然集中できない件ｗｗｗ」が物語っているように、長年の友人同士で時にはしゃぎながら和気あいあいと盛り上がる空気感を伝えることなのだ。

つまり、「ヌルさ」こそが、この動画の最大の魅力なのである。「ヌルさ」は避けるべきものではなく、むしろユーチューバーが積極的に求めるものである。その意味では、バラエティ番組を「戦場」であると断言し、テレビとYouTubeのあいだに厳しく線を引こうとするさんまは、間違ってはいない。

“二刀流”芸人の登場――テレビからYouTubeへ

ところが、さんまが強調するような「プロ」と「素人」、テレビとYouTubeのきっちりとした棲み分けは、急速に過去のものとなりつつある。

ここ数年のあいだに、有名お笑い芸人のYouTube進出が相次いだ。なかでも2020年6月にとんねるず・石橋貴明が公式チャンネル「貴ちゃんねるず」を開設したことは大きな話題を呼んだ。1980年代からテレビを自分の庭のようにしてきた、「お笑い第3世代」の一角を占めたとんねるずの石橋が、ネットに活動の場を求めたことにはインパクトがあった。

近年、お笑い芸人が次々とネットに進出する背景には、コンプライアンス意識の高まりがあると言われる。かつては許された過激な企画も、昨今の社会規範や社会通念の変化に照らしてテレビでは許容されにくくなった。その結果、より自由な環境を求めた芸人たちがネットに目を向け始めたというわけである。

実際、2020年1月に「エガちゃんねる」をYouTubeに開設した江頭2:50などにはそうした面があるだろう。江頭の真骨頂は、体を張った暴走芸。上半身裸の黒タイツ姿で乱入し、暴れ回る。時には勢い余って下半身を露出し、問題になったこともある。

このため、コンプライアンスが重視されるようになってくると、江頭がテレビに登場する機会は減っていった。そこでYouTubeに活路を求めたわけである。この決断が功を奏し、いまやチャンネル登録者は233万人を数える（2021年4月4日現在）。

とはいえ芸人たちは、テレビでやりたいことができないフラストレーションを、ただ単にネットで発散させているわけではない。芸人にとってネットは、テレビでできないことをやる場というより、それぞれの個性に応じて独自のコンテンツを見せる場なのである。江頭2：50にしても視聴回数が最も多いのは、その芸風からは想像のつかない、ザ・ブルーハーツの「人にやさしく」を真剣に熱唱した動画であったりする。

こうした流れを作ったと言えるのが、キングコング・梶原雄太である。梶原と西野亮廣のコンビであるキングコングはNSC在学中から頭角を現し、M－1決勝にも早々と進出したお笑い芸人のエリート。『はねるのトびら』などバラエティ番組のメインとしても活躍した。

そんな梶原が2018年8月に開設したYouTube公式チャンネルが「カジサックの部屋」だった。19年7月にはチャンネル登録者数が100万人を突破。このチャンネルで中心になったのは、妻と子どもが出演して仲良く料理を作ったりゲームをしたりするような、梶原家の日常を映したものだった。そこにほのぼのとした笑いはあっても、プロの芸人がやるような笑いはない。そこからは、テレビとネットでは求められるものが違うという、はっきりした意識がうかがえる。

中田敦彦にも、似た方向性が感じられる。「武勇伝」ネタでブレークし、歌手としては「PERFECT HUMAN」（２０１５年発売）を大ヒットさせたオリエンタルラジオのメンバーである中田は２０１９年４月、YouTubeに「中田敦彦のYouTube大学」を開設。政治経済、国際関係、時事問題から芸能に至るまで、あらゆることを講義風に解説する教育系動画で人気を博している。

かまいたちの山内健司が、芸人とYouTubeとのこうした関係の変化について、２０２０年8月22日放送の『ゴッドタン』（テレビ東京系）で興味深い見解を語っている。かまいたちはM－1の決勝に進出するなど実力派の芸人であり、いまや数多くのテレビ番組に出演し、自身の冠番組も持つ屈指の売れっ子である。その一方で、YouTubeにチャンネルを持ち、本人いわく「芸人ではなくユーチューバー」として動画制作に力を入れている。この日の番組でも、他人の動画を真似てはいけないといった、「〝俺芸人なんで〟っていう尖りはまったくいらない」、「YouTubeはみんながやってることを自分もやるのがいい」と断言していた。

この山内の考えかたは、先述のフィッシャーズの「英語禁止ボウリング」に通じるものだろう。そのことを、いまが旬のお笑い芸人が堂々と主張するところが興味深い。芸人としての実績をテレビで残す一方で、ネットの流儀にしたがってそこでも結果を残そうとする〝二刀流〟の芸人が活躍する時代が始まろうとしているのである。

2 「お笑い第7世代」と「やさしい笑い」

M-1の復活

では、2010年代以降のお笑い界はどのようになっていたのだろうか? まず、『M-1グランプリ』の動向からみていきたい。

前章でもふれたように、2001年から始まったM-1は、2010年の第10回でいったん終了していた。発案者の島田紳助は、「10年でやめないと、あとは惰性になって大会の価値が下がったりする」からだと、その理由を綴っていた(『M-1完全読本 2001-2010』)。

M-1を受け継ぐかたちで2011年から始まったのが、『日清食品 THE MANZAI 年間最強漫才師決定トーナメント!』(フジテレビ系)である。番組タイトルが示すように、漫才ブームの時の特番『THE MANZAI』の復活という意味合いもあったが、M-1と同じくコンクール形式であったのが違っていた。開催時期もM-1と同じ年末であった。

そうしたなか、2015年にM－1の復活が決まる。それに伴い、『THE MANZAI』はコンクール形式をやめ、本来のネタ見せ形式に戻った。

再開したM－1は、参加条件がコンビ結成10年以内から15年以内に、さらに当初は審査員の人数が変わったりと試行錯誤があったが、基本的には以前と同じ形式を踏襲している。出場組数は当初、3000台にとどまっていたが徐々に増え、2020年の第16回大会では5081組と史上最多を記録している。平均視聴率も毎年、ほぼ15％を超え、安定している。いまや年末の風物詩的番組になったと言っても過言ではない。

再開後の優勝者は第11回がトレンディエンジェル、第12回が銀シャリ、第13回がとろサーモンと続いた。いずれもコンビを結成して10年以上、特にとろサーモンはコンビ結成15年目で、最後のチャンスを生かしての栄冠だった。

霜降り明星、そしてぺこぱのM－1

こうした流れを変えたのが、2018年の第14回大会で優勝した霜降り明星である。当時、コンビを結成して5年目で、せいやは26歳、粗品は25歳であった。年齢も若いが、吉本興業所属でありながら、NSCを経ずに芸人の世界に入ったという点も珍しい。ちなみに前述のトレンディエンジェル、銀シャリ、とろサーモンはいずれもNSC出身である。

霜降り明星のネタは、コント漫才に属する。せいやが設定に合わせて何人もの役を演じながらボケ続け、粗品がその都度、テンポよくツッコミを入れていく。例えば、M－1の決勝ファーストラウンドのネタ「豪華客船」では、船内アナウンスに始まり、甲板にいる客、バイキング形式の食事、ダンスパーティなどすべての場面を、せいやがひとりで演じる。そこでのボケに対し、粗品は「深夜バスのテンション！」「キッズダンサーの笑顔！」といった感じでツッコミを決めていく。

こうした彼らの漫才には掛け合いという感じは薄く、むしろボケとツッコミが別々に進行しているような印象さえ受ける。せいやはステージ上を縦横に動き回るのに対し、粗品はセンターマイクの前から動かず、その場でボケを拾いながらツッコミを入れていく。

粗品のツッコミを、ナイツの土屋伸之が漫画の吹き出しに例えたことがあったが（『アメトーーク！』2019年9月26日放送）、確かに霜降り明星のM－1でのネタには漫画を思わせるものがある。あるいは、テレビドラマの本編をせいやがひとりで演じ、それに粗品が副音声でツッコんでいると言ってもいいかもしれない。つまり、ボケとツッコミのあいだに常に一定の距離があるのである。せいやも粗品も、ピン芸人のコンテスト『R－1グランプリ』の決勝に進出した経験（粗品は2019年の優勝者でもある）があるように、彼らの漫才には独立した芸人同士のコラボ的な感触がある。

続く２０１９年の第15回大会では、ミルクボーイが優勝した。決勝のファーストラウンドでは「コーンフレーク」を扱ったネタを披露し、Ｍ－１史上最高となる６８１点を獲得したことでも話題になった。彼らの漫才は、ゆったりとしたテンポのしゃべくり漫才で、その完成度には目を見張るものがあった。

この年、優勝こそならなかったものの、ミルクボーイと同じくらい話題を呼んだのが、ファイナルラウンドに進出して3位となったぺこぱである。この時、番組が彼らにつけたキャッチフレーズは「ツッコミ方改革」。その名の通り、松陰寺太勇《しょういんじたいゆう》が繰り出すツッコミは、これまでにない斬新なものとして注目された。

決勝ファーストラウンドで彼らが披露したネタは、タクシー運転手と客に扮してのコント漫才だった。運転手役のシュウペイがボケを繰り出し、客役の松陰寺がツッコミを入れる。手を挙げてタクシーを呼ぶ松陰寺に、シュウペイが車ごとぶつかる。すると松陰寺は「いや、痛ってぇーな、どこ見て運転してんだよ、と言える時点で無事で良かった」と返す。ところがシュウペイのタクシーは、またもや松陰寺にぶつかっていく。すると松陰寺は、「いや2回もぶつかるってことは、俺が車道側に立っていたのかもしれない」と、反省の色を見せ、その事態を受け入れる。そして「もう誰かのせいにするのはやめにしよう」と自分で納得してしまう。

その後も繰り返されるボケに対し、松陰寺はすべていったん受け入れる。「なんでだよ」とか「やめなさい」とかいって否定することはない。ネタの最後のところでは、「いいかげんにしなさい」ではなく、「いや、いいかげんなことなんかない」と締め括った。つまり、すべてを肯定的に受け止めるツッコミであり、それが新鮮だった。

ぺこぱのこの漫才について、審査員の松本人志は「ノリツッコまない」漫才と評した。ボケにノッてみせたうえで、通常の否定的なツッコミではなく、肯定的な表現で返す。そのスタイルをこう表現したのである。前章でもふれたM－1の大きな特徴である「ボケとツッコミ」についての実験性がここにも現れていたというべきだろう。その基盤を形作った松本人志が、ぺこぱの漫才にいち早く理解を示したのは必然でもあった。

「お笑い第7世代」の誕生

それと同じ時期、若手芸人の台頭が顕著になっていた。2017年には、当時27歳のゆりやんレトリィバァが『女芸人No.1決定戦 THE W』（日本テレビ系）で優勝、翌18年には全員30歳前後のトリオであるハナコが『キングオブコント2018』で優勝している。平成生まれの若手芸人が次々と頭角を現すようになっていた。

「お笑い第7世代」というフレーズが脚光を浴びたのは、こうした流れのなかでのことであった。

事の発端は、霜降り明星のラジオ番組にある。M－1で優勝を果たした直後、彼らがパーソナリティを務める『霜降り明星のだましうち！』（ABCラジオ）でのこと。せいやが「次の年号の世代、『第7世代』みたいなのをつけて、ユーチューバーとか、ハナコもそうですけど、僕ら20代だけで固まってもええんちゃうかな」と語り出した。粗品も同調し、ワタナベマホトやフィッシャーズといったユーチューバーの名、岡崎体育やヤバイTシャツ屋さんといったミュージシャンの名を挙げ、一緒にやることを望んだ（2018年12月22日放送）。

その時点では、基本的には、「こうなれば面白いだろう」という願望の域を脱していなかった（『Quick Japan』vol.145）。だが、この話は思わぬ反響を呼び、2019年に入ると「第7世代」をフィーチャーしたバラエティ番組が作られるようになる。そこには、この言葉がキャッチーだっただけでなく、「笑う社会」における変化の兆しを無意識にであれ、鋭くとらえていたこともあっただろう。

そして2020年には、霜降り明星をはじめとして、ハナコや宮下草薙《みやしたくさなぎ》、EXIT、3時のヒロイン、かが屋、四千頭身、ぺこぱなどが出演する『第7キングダム』『お笑いG7サミット』（いずれも日本テレビ系）といった、お笑い第7世代の冠番組がスタートした。

この年、バラエティ番組などで「お笑い第7世代」の名を聞かない日はなかったと言っても過言ではない。

せいやが唱えた「お笑い第7世代」の特徴を大づかみに言うと、二つある。

ひとつは、いうまでもなく若さである。前出のラジオ番組でせいやは「20代」という言い方をしているが、その後、大まかな定義として「平成生まれ」であることが、第7世代の条件となった。

そうした年齢の問題は、お笑いの中身にもかかわってくる。例えば、笑いを取る際の常套手段の一つとして、漫画・アニメや特撮もの、流行したものなど、共通体験として期待できるもので例える方法がある。しかし、このやり方には世代という限界がある。「上の世代の方々はキン肉マンやプロレスを使ってガンガン笑いを取ってきたが、僕らの世代にはそれがなかった。だからこそ僕らがK－1とかポケモンで笑いを取っていくべき。サム・グレコやピーター・アーツ、イーブイやシャワーズでガンガン笑いが取れる時代がそろそろ来ると思っています」というせいやの言葉は、そのあたりのことを指している（2019年1月30日付『お笑いナタリー』）。つまり、笑いの前提となっている世代体験をアップデートしなければならないということが、第7世代の存在理由となっている。

もうひとつの特徴は、ジャンルの越境である。

先ほど引いたラジオでの発言にもあったように、霜降り明星は第7世代として、芸人だけでなくユーチューバーやミュージシャン、さらには浜辺美波など女優の名まで挙げていた。お笑いというジャンルにこだわらず、広くエンターテインメントの演者との連携、共演を考えていたのである。そこには、〝芸人至上主義〟から離れたところで自分たちの笑いを創り上げていこうという、〝脱ーお笑い〟とも言うべきベクトルが感じられる。

お笑い第7世代と「卒ーダウンタウン」

そう考えたとき、ひとつのポイントとなるのが、第7世代より上の世代、特にダウンタウンとの関係である。

霜降り明星も、ダウンタウンの存在を否定しているわけではない。彼らの言い回しを使えば、「レジェンド」として「かなわない」と大いにリスペクトもしている。だが一方で、彼らは前出のラジオ番組で、若手芸人として注目されたら、明石家さんまやダウンタウンのような大物芸人がMCをするバラエティ番組に一通り出て「一周」する、それだけが道ではない。自分たちの世代だけでやってみるという選択肢があってもよい、そう訴えていた。

ダウンタウンに対するそうした複雑な心情は、M-1チャンピオンになった後、NSC

の生徒たちの前で芸人としての心構えを説くにあたって、せいやが次のように話したことにも表れている。

「大事なのは、普段の舞台で如何に『M－1』決勝を意識しているか。いろんな舞台にこれから立つと思いますけど、俺は松本（人志）さんに観られてるねんって思いながら毎舞台、やることが大事です」（2019年1月30日付『よしもとニュースセンター』）。松本人志がM－1審査員を務めているからこその発言だが、ここからは、松本がM－1全体を象徴するような存在であり、ひいては漫才の世界における基準であると、霜降り明星が認めていることも読み取れるだろう。

だが、お笑いコンビ・ライセンスの井本貴史が「ダウンタウンの終わりを見た」と発言したことを受けて、せいやは、ダウンタウンとは世代が離れていてラッキーだったという意味のことも話している。

M－1で決勝に進出したこともあるライセンスの井本は、霜降り明星がM－1で優勝したのを見て、「ダウンタウンさんの世代に影響を受けた人がずっと続いていて、（中略）その人たちがまた『M－1』獲ったとしか思ってなかった」が、霜降り明星の優勝で「ダウンタウンさんの影響下にある層がひとつ終わった。だから鳥肌が立った」と発言。それが、先の「ダウンタウンの終わり」につながったのである。

その発言を受けてせいやは、「今のNSC生なんかも、ダウンタウンさんから40年くらい経っているんですよ。だから、また新しいお笑い界の仲間たちというか、全く違うものになってくる。僕らは、芸人を志した時に、ダウンタウンさんという神様から離れていてラッキーだった。(新時代の)ダウンタウンさんになれるチャンスがあるということなので」と語ったのだった(2019年1月30日付『ORICON NEWS』)。

ダウンタウンに対するこうした両義的な姿勢を見ると、お笑い第7世代が、笑いの転換期に登場した存在であることが自ずと理解されよう。彼らは単純に「反ーダウンタウン」なのではない。その偉大さを当然理解してもいる。だが他方で、世代が離れていることもあって、直接的な影響から免れているという自覚もある。言うならば、「卒ーダウンタウン」。それが第7世代なのである。

「やさしい笑い」の時代――さんまからサンドウィッチマンへ

そのことを踏まえたうえで、最も重要なのは、「お笑い第7世代」のなかに従来の笑いのあり方そのものを変える可能性が胚胎していることである。

それを感じさせたのが、ぺこぱの登場であった。「ノリツッコまない」笑いに、笑いの新たな可能性が感じ取られたのである。ぺこぱの松陰寺太勇は1983(昭和58)年生まれで、シュウペイは1987（昭和62）年生まれ。ともに平成生まれではないので、年齢的には「お笑い第7世代」には入らない。それでも第7世代に数えられるのは、便宜的な理由もあるだろうが、彼らの笑いがお笑い第7世代を本質的に象徴している面があるからだろう。

一言で言えば、それは「やさしい笑い」である。

先ほども書いたように、松陰寺のツッコミは、ボケを否定せずそのまま受け入れる。従来、ツッコミというものが、「常識」の立場から「非常識」なボケを正すものであったとすれば、それを覆した。そしてそれは、他者を否定しないことに通ずるという意味において、「やさしい笑い」と言える。

「やさしい笑い」が台頭する予兆は、それ以前からあった。サンドウィッチマンの人気が上昇したことがそれである。

2007年のM－1に優勝した彼らは、実力派芸人として確固たる地位を築いてきた。漫才とコントの両方で定評があり、全国ツアーを毎年行うなど、ネタの面白さは折り紙付きである。

そんなサンドウィッチマンの笑いは、「人を傷つけない笑い」だと評される。M－1優勝時に披露した「街頭アンケート」と「ピザの出前」のネタにしても、日常のよくある場面を設定して、富澤たけしのボケと伊達みきおのツッコミがテンポ良くやり取りを展開するというもの。ボケの内容としては何気ない聞き間違いや勘違いなどがベースである。そのため世代や性別を問わず、安心して笑うことができる。

ただ、当時はサンドウィッチマンの笑いを「人を傷つけない」という観点から評価する声はまだそれほど見られなかった。あくまで漫才コンビとして呼吸の合った部分やネタの完成度の高さが評価されていた。ところが、ここ数年のあいだに「人を傷つけない」という観点からの評価がぐんと高まった。その表れが、序章でもふれた2018年の「好きな芸人」ランキング1位の獲得である。しかもそれは、お笑い芸人の世界で長らくトップの座にあり、「好きな芸人」ランキングでも14年連続で1位の座にあった明石家さんまに取って代わってのことであった。

だが、「お笑いビッグ3」について言えば、2000年代に築いたポジションを、2010年代に入ってもそのままキープし続けた。

ビートたけしは映画監督としての成功をベースにしつつ、テレビではご意見番としてのポジションをますます確固たるものにしている。タモリは、『ブラタモリ』や『タモリ倶楽部』のような番組を通じて趣味人としての道を究め、これぞタモリと言うべきマイペースな活動ぶりだ。

そのなかで明石家さんまだけが、笑いの最前線で活躍してきた。１９８０年代以来、「ボケとツッコミ」の笑いを基盤に成立した「笑う社会」の衰えぬパワーの象徴が、さんまであった。

もちろん、ボケとツッコミのパターンに拠っているという点では、サンドウィッチマンも同じだ。しかも、彼らの掛け合いはきわめてオーソドックスなものである。その点、さんまと変わるところはない。

しかし、そうした笑いのスキルとは別のところで、サンドウィッチマンの人気はさらに加速した。誰も傷つけず不快にさせない笑いであることに加えて、２人のコンビ仲が良いこともあって、広く支持されるようになった。

サンドウィッチマンの人気が、誰かを「いじる」ことで笑いを取ることが一般化していた従来の風潮へのアンチテーゼから来ていることは間違いない。ではなぜ、笑いの潮目がこのように変化したのか？　その理由を知るには、時代的・社会的な背景をもう一度踏まえてみる必要があるだろう。

3 「肯定する笑い」の時代へ

漫才ブームの歴史的意味

これまで本書では、明石家さんまの尋常ならざる〝テレビ愛〟について、たびたび触れてきた。1955年生まれのさんまにとって、テレビは人生そのものと言ってもよかった。そうしたテレビへの愛着が、後輩芸人への厳しさやYouTubeとの厳密な線引きにつながっていたのは、これまで述べてきた通りだ。

テレビそのものの発展に目を転じると、それは戦後社会の動向と不可分だった。1953年に本放送が始まったテレビは、50年代後半以降の高度経済成長期において、皇太子ご成婚、東京オリンピック開催などの国家的イベントをきっかけに爆発的に普及し、一気に日常的娯楽の中心となる。「三種の神器（電気洗濯機、電気冷蔵庫、白黒テレビ）」や「3C（カー、クーラー、カラーテレビ）」という表現が当時流行したように、豊かになり始めた日本人にとってテレビは真っ先にわが家に購入したいもののひとつだった。

高度経済成長期の日本社会とは、一言で言えば、同質性を前提にした社会である。驚異的な経済成長によって平均的な生活水準が上昇するなかで、「一億総中流」と呼ばれる社会が誕生した。敗戦後の復興を目指すなかで高度経済成長が達成されたことで、国民の一体感、横並び意識はますます強まった。

高度経済成長とともに普及したテレビは、そうした同質性の意識を日々確認するための手段でもあった。皆が同じ番組を見ているという感覚が、一体感の証となったからである。『NHK紅白歌合戦』が、いまだに破られていない81・4％という驚異的な視聴率を記録したのは、東京オリンピックが開催される前年、1963年のことだった。高度経済成長の真っただ中にあって、この番組は国民の年中行事となったのであり、まさにそれは象徴的な出来事であった。

つまり、高度経済成長期におけるテレビは、社会の姿を映し出す鏡のような役割を果たしていた。ところが1980年代になると、テレビと社会の関係は変化していく。それまでは社会が主でテレビが従であったのが、その関係が逆転したのである。

序章でも述べたように、その大きなきっかけとなったのが、漫才ブームであった。テレビ主導で始まったこのブームは長くは続かなかったが、それが後世に及ぼした影響は大きかった。ここまで述べてきた「お笑いビッグ3」や「お笑い第3世代」の誕生、そして『M－1グランプリ』の放送開始は、歴史的文脈に照らせば、すべてその延長線上にあるものだ。

とりわけ漫才における「ボケとツッコミ」のパターンは、社会的同質性の感覚を維持していくうえで欠かせないものになった。ボケという「非常識」をある程度許容しながら、ツッコミという「常識」がそれをコントロールしていく。それは、1章で述べた「笑う社会」の柔構造に通じるものだろう。たけしの「毒ガスギャグ」というボケが、自分たちへの痛烈な批判を含んでいたにもかかわらず、世間はそれを一種のツッコミ感覚で許容した。このような、「ボケとツッコミ」の応用によって、窮屈な同質性ではなく、一定の個性を認める柔軟な同質性が成立する。「ボケとツッコミ」の笑いが、同質的社会を維持する基盤になったのである。

そのなかで、例えば「いじる」という、他者とのかかわりかたが市民権を得ていく。笑いにおいて「いじる」という表現は、相手を軽くからかうことを指す。その範囲は広い。日常のちょっとした失敗から、「ハゲ」「デブ」「ブス」といった容姿、「貧乏」といった経済状況、あるいはその人物の過去の恥ずかしい失敗や性的嗜好に至るまで、さまざまだ。「ボケとツッコミ」の図式に照らせば、これらの特徴を一種のボケととらえ、ツッコむのが「いじり」ということになるだろう。

こうした「いじり」には、しばしば言われるように「いじめ」と紙一重のところがある。軽くいじっているつもりが、暴力や差別と何ら変わらないものとなり、相手を深く傷つけてしまうことが起こり得る。それでも「いじり」は、バラエティ番組における笑いのツールとしてなくなってはいない。それは、同質性という前提が、その場における意識として決定的に揺らいではいないからである。それによって、いじられた側が「おいしい」というとらえかたも出てくる。だからこそ、一定の限度はあるにせよ、個人の属性を笑いのネタにすることが許容される。

「一億総中流」意識の揺らぎ

しかし、2000年代に入ったあたりから、まずは現実社会において、そうした同質性の意識に揺らぎが生じ始める。

1990年代初頭にバブルが崩壊し、それ以降、「失われた10年」、さらには「失われた20年」と呼ばれる長期不況が続いた。それでも「一億総中流」意識に大きな変化はなかった。2000年代になっても、自分の生活を「中」程度だと答える人の割合は、それ以前と同じく9割程度のところを推移している（内閣府「国民生活に関する世論調査」による）。

ところが一方で、生活全般の満足度についての調査によると、1984年には満足していると回答した人の割合が6割強であったのが、93年には5割強、99年には4割強にまで減っている。「世の中は暮らしよい方向に向かっている」と答えた人の割合を見ると、

1990年には5割近い人がそう思うと答えたのに対し、99年には2割まで下がっている(内閣府「国民生活選好度調査」による)。

こうした調査結果からは、2000年代に近づくにつれて、「一億総中流」意識を支えていた生活の余裕が徐々に失われ、将来への不安が募り始めたことが見て取れる。そしてそのなかで、格差の広がりが意識され始める。

例えば、1999年と2009年を比較した調査結果では、「あってほしい日本の社会」としてどちらの年も約半数の人が「ほとんどの人が中間の層にいる社会」、つまり総中流的な社会を望んでいる。その一方で、「現在の日本の社会」がそうだと答えた人は、1999年には32%であったのに対し、2009年には18%と大幅に減っている。代わって、現在は「ピラミッド型の社会、一番上は少数のエリート、下の層にいくにつれて多くなり、一番下の層には最も多くの人がいる社会」、つまり格差社会だと答えた人が35%まで増えて、回答率が最も高い項目となった(ISSPの調査)。この間、「格差社会」は2006年の「新語・流行語大賞」を受賞し、格差社会と関連のある「勝ち組」「負け組」という言いかたも2000年代前半から広まっていった。

オタクの大衆化

一方で、オタクの大衆化による「一億総オタク」化の傾向も見て取れる。

ある調査によれば、18歳から69歳の男女のうち、19・9％、つまり約5人に1人が「オタク」（「自分自身をオタクと思っている、または、人からオタクと言われたことがある人」）であるという結果が出た。この調査では、2030年にはオタクの比率は30％を超え、40％に近づくと予測している（矢野経済研究所が実施した2017年の調査）。

確かにオタクのすそ野は広がっている。アニメ・漫画、アイドル、鉄道、ゲームといった分野だけでなく、これまでオタクの領域とは思われてこなかった、音楽や映画、演劇といった分野の熱心なファンを「オタク」と呼ぶことにも違和感がなくなってきている。

その背景のひとつとして、インターネットの普及を挙げることができるだろう。OS「Windows95」が発売された1990年代後半あたりを境にパソコンやネットが一般的なものになり始め、2000年代以降になると、YouTubeなどの動画共有サービスやFacebook、Twitter、InstagramなどのSNSが登場。そしてスマホの普及などにより、共通の趣味をもつ人同士のつながりが、ますます容易になった。「変わったひと」という冷ややかな視線をオタクが浴びることは今もなくなってはいないが、SNSなどを通じて生まれる強固な趣味の共同体は、全体としてオタクの社会的存在感を高めていると言えるだろう。

こうしたオタクの大衆化傾向は、一定の豊かさが維持されてきたなかで個人優先の生き方が成熟したことの帰結ととらえられるはずだ。出世や経済力の上昇を望むのではなく、個人的な趣味・嗜好の充実を優先させる生き方を選ぶ人が、無視できない数になってきたのである。

そのことは、社会そのものの構図を変えていく。「一億総中流」の時代にあっては、日本社会全体でひとつの〝巨大な世間〟が形作られていたとすれば、「一億総オタク」の時代においては、趣味・嗜好に応じて〝小さな世間〟がそこかしこに形成され、群れをなすようになる。言い換えれば、同質性のかたちが細分化・多様化することで、それまでの一枚岩的な同質性を前提にした社会ではなくなりつつあるのである。

テレビと社会のずれ、それに伴う笑いの変容

こうした変化は、それまでほとんど一体のものと思われていたテレビと社会のあいだにある種のずれ、隔たりを生み出す。いままではネタとして許容されていたものが次第に笑いにならなくなり、批判されることも増えてくる。

近年、テレビ番組の内容に関しても耳にすることが増えてきた「コンプライアンス」や「ポリティカルコレクトネス」も、こうしたテレビと社会の関係の変容を反映していると

言えるだろう。

「一億総中流」の内輪意識のもとで、これまでテレビの世界で大きな魅力となっていたのは、祭りの感覚であった。前に触れた「お笑いビッグ3」による『FNS27時間テレビ』でのさんまの愛車破壊などは、内輪意識を土台にした祝祭の極みでもあった。だが、テレビと社会の関係性が変化することでテレビと視聴者の一体感も緩み始め、笑いを取るための同じ振る舞いが、社会的常識から外れた振る舞いとして受け取られ、醒めた目でみられるようになる。

「一億総中流」意識が崩壊することで、それまで陰に隠れていた社会的弱者や少数者の存在がさまざまな局面で可視化されるようにもなった。性別やセクシュアリティ、人種や民族にかかわる問題などが、その最たるものだろう。とんねるずが、かつての人気コントキャラクター「保《ほ》毛《も》尾《お》田《だ》保《ほ》毛《も》男《お》」を2017年の番組で復活させた際、性的少数者への差別につながるとして批判の声があがったケースは、こうした時代の変化を物語っている。

また、オタクの大衆化を反映したようなバラエティ番組も増えている。

前章にも触れた『ブラタモリ』などの人気に見られるタモリの再評価はその一端だが、『アメトーーク!』も、その傾向を示す番組のひとつだ。この番組では、特定の漫画やアニメ、アイドルなどを愛好する芸人が、「ドラえもん芸人」「嵐大好きおじさん」などと称して蘊蓄を傾け、いかに好きかを語り合う。芸人ならではの話術の面白さも当然加味されるが、以前ならマニア受けの域を出なかったようなこうした企画が定番化するようになったのは、やはりオタク的な生き方が広く共有されるようになったからだろう。芸人は、いまやそうした一般人の代表でもあるのである。

こうしたなかで、同質性を前提にした定番的な笑いにも微妙な変化が生じている。「あるある」の笑いがネットで人気を博す現象は、その一例だろう。

誰もが日常生活のなかで一度は経験したことのあるような場面を切り取った「あるある」ネタは、例えば刑事ドラマのお約束の場面をネタにするようなかたちで漫才ブームの頃から存在した。その後も、ふかわりょうやレイザーラモンRGといった、「あるある」ネタを得意とする芸人が少なからず活躍してきた。

そうした「あるある」ネタで2019年にブレークしたのが、土佐兄弟である。お笑い第7世代の一組に数えられる彼らにおいて特徴的なのは、テレビではなくネットからブレークしたことである。有名SNSのひとつであるTikTokに投稿した動画で、弟の有輝が高校生に扮した「高校生あるある」は5億回以上の再生回数を記録した（2020年11月現在）。

しかも、テレビからネットへと発表の場が移ったことで、「あるある」の中味にも変化がみられる。

テレビにおける「あるある」の笑いは、共通体験の同質性を前提にしつつ、冷静な観察に基づく批評性を伴った笑いである。例えば、ふかわりょうの「小心者克服講座」というネタでは、ふかわが音楽に乗って「あれ、この表札、かまぼこの板じゃない？」のような、相手をチクリと刺す言葉を淡々と繰り出していく。

一方、SNSにおける「あるある」の笑いにおいては、批評性はそれほど重要ではなくなっているように見える。土佐兄弟の場合、「新入生を偵察しに来る2年の先輩」「ノールックでプリント後ろに渡す奴」など、高校生の日常の風景を微細なまなざしで掬い取り、それを忠実に再現していくスタイルだ。

テレビの「あるある」とSNSの「あるある」。前者では、外側から観察するポジションで放つ一言ネタが多い。それに対して後者では、自ら当事者として演じている。言い換えれば、テレビの「あるある」がツッコミによる笑いであるとすれば、SNSの「あるある」ではツッコミの要素がきわめて希薄になっている。こうした違いが、批評性の有無を生んでいるのである。

「相互性の笑い」という新潮流

しかし、2010年代以降の大きな流れとしては、同質性の笑いから脱却し、新たな方向の笑いを模索する転機に差し掛かっていると言えるだろう。

そうした新たな笑いを、同質性の笑いと対比させる意味で、ここでは「相互性の笑い」と呼んでみたい。

相互性の笑いとは、社会的地位・立場や個人的属性、趣味・嗜好などの違いがあることを大前提に他者との利害調整をしながら、そのプロセスを笑いとして表現するものだ。それは、同質性の笑いが他者との類似性を前提にしていることと明確な対照をなす。

いうまでもなく、ぺこぱの「ノリツッコまない」笑いは、そうした相互性の笑いのひとつの典型である。

ツッコミ役の松陰寺がシュウペイのボケに対し、否定的な言葉でツッコもうとするのを一瞬ためらい、ボケが間違いかと言うと「そうとも言い切れない」などと踏みとどまる。そのこころの動き、ツッコむ側の自己反省が、新しいタイプの笑いにつながる。ただ単純にボケを肯定するだけでは、「あるある」の笑いの構図とほとんど変わらない。そこにためらいの間《ま》、考える間があることが、互いの利害調整のプロセスを表現しているのである。

それと同じことは、お笑い第7世代に属する女性3人組の、ぼる塾にも当てはまるだろう。

女性芸人の歴史を見ると、男性目線、男性基準の笑いとどう折り合いをつけるかがハードルになってきた面がある。そのなかで、「ブス」といった容姿にまつわるネタをいとわないこと、男性芸人に負けずに体を張った笑いに積極的に取り組むことなどによって受け入れられてきた。つまり、文化的性差によるステレオタイプを踏襲し、〝男性並み〟にやれることを示すことで生き残ろうとしてきたのである。

ぼる塾の場合、そうした従来のパターンから距離を取っているように見える。完全に拒絶してはいないが、体を張った芸は「NG」だと宣言していることは、その一端として考えられるだろう。

そしてなにより、彼女たちには従来の女性芸人に関するジェンダー規範にとらわれない発想の自由さがある。もともと、ぼる塾は4人組で、その一人である酒寄希望《さかよりのぞみ》が育児休暇中というのも、これまであまりなかった活動スタイルである。

漫才についても同様だ。メンバーのあんりとはるか（きりやはるか）は幼なじみで、30代半ばの田辺さん（田辺智加《ちか》）とは11歳の年齢差がある。田辺さんはぽっちゃり体型でもあり、従来であれば田辺さんのそうした年齢や体型をいじるようなネタ、例えば、いかにモテないかといった展開になってもおかしくはない。

ところがぼる塾のネタは、そうならない。はるかが甘えたことを言うと、あんりは厳しくたしなめるのだが、田辺さんには「田辺さんはそのままでいい」などと言い、とことん甘い。それに対してはるかが文句を言うと、あんりは「田辺さんにいまさら怒っても成長するわけねえだろうよ」などと本音（？）を吐くのだが、それでも田辺さんは「まぁねー」と髪をかき上げ自慢げで、まったく動じない。

要するに、ぼる塾のネタは「女性は若いほどいい」とか「結局、見た目が大事」といった、これまでの女性芸人が従うことの多かった規範にとらわれない笑いを狙ったものになっているのだ。近年のお笑いの世界では、ぼる塾だけでなく、女性芸人のヒコロヒーが男性芸人・みなみかわと組んで、お笑い芸人の世界、ひいては世間全般におけるジェンダーバイアスの問題をネタにした漫才でM－1に挑戦するなど、性別をめぐる規範への疑問が正面から取り上げられる流れが生まれている。

テレビとネットを横断するフワちゃん

一方で、ネットにおけるエンタメ特有の感性から、テレビの笑いに一石を投じる流れも生じている。それはテレビとネットという、コミュニケーション作法の異なる二つの場を調整するなかで起こる笑いであるという点で、相互性の笑いのひとつと言っていい。

それを代表するのが、2020年に大ブレークしたフワちゃんだろう。

お笑い第7世代に数えられることもある彼女は、もともとはお笑い芸人だった。コンビで活動するも芽が出ず、事務所も辞めてしまう。そんなとき、旧知の放送作家から、YouTubeが向いているのではないかと勧められる。実際、始めてみるとその見込み通り、フワちゃんの動画は評判を呼ぶ。そして、それがきっかけとなって、テレビ出演も増えていった。

2020年に入ってからのコロナ禍も、彼女の存在感を増す要因となった。新型コロナウイルス感染拡大防止のため、テレビの世界でもリモート出演が多くなった。そのなかで、ユーチューバーだったフワちゃんは、動画撮影などでひとりの出演に慣れているのを生かして活躍、「コロナの申し子」という異名を取るまでになった。

だが、フワちゃんの活躍はリモート出演に限られているわけではない。むしろ、彼女の本領は、スタジオで他の出演者と絡むときにこそ発揮される。その点が、従来のユーチューバーとは決定的に異なるところであり、もともと芸人であったことがプラスに働いている部分でもある。

例えば、彼女の特徴のひとつにタメ口がある。明石家さんまを「さんまさん」ではなく「さんま」と呼ぶなど、大御所の芸人や芸能人にも敬語を使わずに話しかける。そして、肌身離さず持ち歩いている自撮り棒付きのスマホで、「ねえ、写メとろ〜」と本番中にもかかわらずツーショットの写真を撮り始める。

こうした振る舞いは、ひな壇番組が象徴するようなテレビの階層秩序を無視し、破壊するものだ。だがフワちゃんは、芸人らしいワードセンスと反射神経でその階層秩序の隙間を見つけて入り込み、どんな相手であろうとフラットな関係性を一瞬にして築いてしまう。スマホで撮った写真は彼女のSNSにアップされ、私たちは、従来と違う角度からテレビを発見する糸口を与えられる。

「ユーチューバー芸人」と称されることもあるフワちゃんは、テレビとネットを横断する存在だ。ある意味、テレビとネット双方にとって、外部からやってきた異人である。彼女が活動している領域は、テレビとネットの境界線上である。だから彼女の本拠地は、テレビでもなくネットでもないと言えるし、テレビでもありネットでもあると言うこともできる。そうであることで、テレビとネットは対立し合うという固定観念を解体し、二つの場がつながる可能性を現実のものとしてくれるのだ。

「子ども」という戦略

そう考えてみたとき、フワちゃんがゲスト出演した『マツコ会議』（日本テレビ系）での、マツコ・デラックスとの対話はとても興味深いものだった（2020年11月7日、14日放送）。

マツコはフワちゃんのことを、「スゴい良い時代にこういう人がテレビに興味持ってくれたなって思って見てたのよ」と期待感を語る。だからこそ、「新しい時代を作ってくれるかもしれない人を、過去のテレビの通り一辺倒のモノにただ組み込んでるだけっていうのが違うなぁと思って見てんだよね」と指摘。テレビ番組を制作する側も、テレビが置かれた状況を踏まえて、フワちゃんが出る番組をどのようなものにしたらいいか、ちゃんと考えてほしいと釘を刺していた。

一方この番組でフワちゃんは、テレビで一番やりたいことをマツコに聞かれて、「子ども大勢番組のＭＣ」をやりたいと答えた。さらにフワちゃんは、子どもたちに「すかしっ屁のやり方も私が教えてあげたいし、握りっ屁を初めて教えてあげる大人でありたい」と語る。

それは、私たちがイメージするいわゆる健全な教育番組とは真逆の内容である。「アンタそんな言葉どこで覚えてきたの⁉」とお母さんに叱られそうなちょっと悪いこと、だが楽しいことを伝授するのが、フワちゃんの考える子ども番組だ。

要するに、フワちゃん自身が子どもたちと同じ目線に立つ「子ども」であろうとしているのである。「子ども」という戦略。それは、フワちゃんがテレビに対して取っている基本戦略でもある。

その表れのひとつが、タメ口だろう。また写メに限らず、「いっしょに〇〇しよー」と話しかけて相手を巻き込んでいくのも、フワちゃんの常套手段だ。彼女の言動や行動はすべて、相手との関係をフラットにするためのものと言っても過言ではない。その姿はやはり、楽しい遊びに仲間を誘う子どものそれと重なる。

こうしてフワちゃんは、性別や世代を超えてすべてのひとが「子ども」になることを目指す。そうすることで、いつの間にか大人をがんじがらめにしている固定観念や因習からいったん自由になろうとする。

そこでは自ずと、相互性の笑いが実現されることになる。他者との違いを前提に、互いの利害を調整するなかで笑いを生んでいくのが相互性の笑いであった。その形はさまざまだろう。時に相手に拒絶され、失敗して泣き出すこともあるだろう。それでもめげずに「子ども」であり続けるフワちゃんは、相互性の笑いの、ひとつのあり方を間違いなく体現している。

ただ、「子ども」であることは、無知で純朴であることでは決してない。あくまでそれは戦略的な振る舞いであり、あえて言うなら、無知を装うことである。

例えば、2020年7月22日放送の『水曜日のダウンタウン』（TBSテレビ系）の企画「ネットニュースに載るまで帰れません」に出演したフワちゃんは、ロケ当日が東京都知事選の投票日であることを踏まえて、都庁前での自撮りをSNSにアップして投票を呼びかけ、ネットニュースに取り上げられた。その際、彼女は「『水曜日のダウンタウン』が必要なこういう部分を私が補ってあげてる」とさらっと言っていた。企画のルールを守りながら、バラエティ番組では政治に触れないようにするという長年のテレビのお約束に無知なふりをすることで、風穴を開けてみせたのである。

他者を肯定する笑い

そうした意味において、相互性の笑いは、見知らぬ他者とともに生きる場としての社会の存在をこれまで以上に意識したものになるだろう。それで言えば、サンドウィッチマンと東日本大震災との関係は示唆に富む。

サンドウィッチマンは、2011年3月11日に東日本大震災が発生した際、たまたまテレビ番組のロケで宮城県気仙沼に来ていた。まさに当事者として震災を体験したわけである。もともと2人は東北出身ということもあり、震災後の復興に向けたボランティア、募金活動、お笑いライブなど、さまざまな被災地支援活動に熱心に取り組むことになる。

だが、こうした支援活動をすることに不安もあったという。伊達みきおは、「支援活動に本気になったら、バラエティ番組から求められなくなるだろうなってことは思った」と回顧する。ただそれでも、「ここで動かなくて、どうするんだ」（富澤たけし）という気持ちは2人に共通していた（サンドウィッチマン『復活力』）。

結局、2人の心配は杞憂であった。そのことは、現在の彼らの活躍ぶりが物語っている。むしろ時代は、彼らのような社会とのスタンスの取りかたを、お笑い芸人にも求めるようになりつつある。

彼らの代名詞である「人を傷つけない笑い」「やさしい笑い」は、世間の空気に忖度して当たり障りのないことを言う笑いではない。他者との共存を実現していくための、きわめて繊細かつ実践的な笑いである。

サンドウィッチマンにとってその課題のひとつが、東日本大震災の被災者とともに、お笑い芸人としてどう生きていくかということだったに違いない。最初は彼らも仮設避難所に物資を持っていったが勝手がわからず被災者に怒鳴られ、追い返されることもあった。お笑いを提供しようとしたものの、被災者の様子を見て、ためらわれるときもあった。それでも彼らは、被災者と関わり続けようとした。

彼らのこうした姿勢からも分かるように、相互性の笑いとは、見知らぬ他者との共存のしかたを探り続けることであり、真の意味において他者を肯定する笑いに他ならないのである。

最終章

「笑う社会」の行方

――「お笑いビッグ3」が残したもの

ここまで、1980年代初頭の漫才ブームによって形作られた「笑う社会」の変遷をたどってきた。最後に、2020年のM－1で起こったひとつの論争を手がかりにして、「笑う社会」にいまも起きている変化とその行方について考えてみたい。

「あれは漫才なのか」論争

2020年の『M－1グランプリ』には史上最多となる5081組がエントリーし、決勝の模様は12月20日に全国で生放送され、平均視聴率19・8％という高視聴率を記録した。歴代で見ても、3番目に当たる記録である。すっかり年末の風物詩、一大イベントとして定着したことを改めて感じさせる。

優勝したのはマヂカルラブリーだった。ボケ役の野田クリスタルに、ツッコミ役の村上のコンビである。2017年にも決勝進出を果たしているが、このときは10組中最下位で、その際の審査員・上沼恵美子の「よう決勝残ったな」といった手厳しい講評が話題にもなった。マヂカルラブリーにとっては、そのときの借りを返したかたちである。優勝と最下位の両方を経験したコンビは、大会史上、彼らだけというおまけもついた。

ところが、この決勝で彼らが披露したネタをめぐって論争が起こった。まだ記憶に新しいところだが、マヂカルラブリーのネタに対して少なからぬ視聴者がSNSなどで「あれは漫才なのか」などと書き込んだところ、「あれは漫才だ」といった反論がなされたのである。しかもそれは視聴者だけにとどまらず、松本人志など、当日の審査員や他のお笑い芸人をも巻き込んでの大論争に発展した。

なぜ、「あれは漫才なのか」という声が沸き上がったのか？　いくつか理由はあるだろうが、ひとつはマヂカルラブリーのネタが〝しゃべらない漫才〟だったからである。

M－1での決勝ファーストラウンドのネタは、「高級フレンチ」だった。高級フレンチに行くことになったがマナーを知らないと言う野田に、村上が基本的なことを教える。すると野田が「シミュレーションしてみる」と言い出し、いきなり奇声を上げて窓を突き破ったり、丸太でドアを壊したりして店に入ろうとする。それ以後も、センターマイクから離れたところで、野田の一人芝居による破天荒なボケが続く。

このネタでもそうだったが、ファイナルラウンドのネタにおいて野田は、ますますしゃべらなくなった。ファイナルでやったのは「電車のつり革」というネタである。電車のつり革につかまると負けた気がするので、つかまりたくないと言う野田が、車内でつかまらずに我慢しようと悪戦苦闘、しまいには床に寝転がってしまう様子を、彼一流のパントマイム風の動きで表現したものである。相方の村上はそれには一切加わらず、ファーストラウンドのときと同様、センターマイクの前で実況風のツッコミを入れる。

するとM－1の放送が終わった直後から、二つのこのネタを見た視聴者から、「あれは漫才じゃない」などの声が続々とネットに上がったのである。それがネットニュースなどでもすぐに取り上げられ、一大論争へと発展していった。

「漫才に定義はない」

それには、マヂカルラブリーの芸風、特に野田クリスタルの芸風が影響していたこともあるだろう。ピン芸人としての野田は、2020年のR－1グランプリで優勝した実績を持つ。ただし、自作の奇妙なゲームを実況するといったマニアックなネタが多く、その芸風は万人受けを狙ったものではない。このため、世代を問わず多くのひとが見るM－1で、マヂカルラブリーのネタを「面白くない」と思ったひとは一定数いただろう。それが、「あれは漫才なのか」という疑問となって噴き出したと見ることができる。

その意味では、「あれは漫才なのか」をめぐる議論を〝論争〟だったと本当にみなせるのか、疑問の余地がないでもない。というのも、「あれは漫才なのか」という疑問は、マヂカルラブリーのネタが自分の好みではなかった視聴者の不満の表現にすぎないとも言えるからだ。

そうしたなかで、お笑い芸人の反応には興味深いものがあった。視聴者からの疑問が二ュースとなり、コメントを求められたりしたことで、期せずしてお笑い芸人の漫才観が浮かび上がることになったからである。そこで注目すべきは、ほとんど例外なくすべてのお笑い芸人が、マヂカルラブリーのネタについて「あれは漫才だ」という見解を表明したことである。

例えば、M-1の決勝に進出したことのあるスーパーマラドーナ・武智は、自らのツイッターに「「これは漫才なのか?」じゃなくて、「あんな漫才見た事がない!」なんだと思う」(2020年12月27日付投稿)とツイートし、M-1優勝経験者であるNON STYLE・石田明や同じく準優勝経験者であるスリムクラブ・真栄田《まえだ》賢《けん》もその意見に同調した。M-1で審査員を務めた経験のある博多大吉も、自らのラジオ番組で「結論から言うと、漫才でしょうね。漫才だと思いますよ」と述べた(TBSラジオ『たまむすび』2020年12月23日放送)。

M-1当日、審査に当たった芸人たちの見解も、みな一様にそうだった。

ナイツの塙宣之は、2020年12月22日付で自身のYouTubeチャンネル『ナイツ塙の自由時間』にアップした動画「M-1審査員の本音を語ります…【ナイツ塙】」のなかで、「漫才の定義なんかない」としたうえで、マヂカルラブリーのネタは、漫才では「めちゃくちゃ面白ければ全然いい」ことを再認識させてくれたと語った。サンドウィッチマンの富澤たけしも、自身のブログ「名前だけでも覚えて帰ってください」において、M－1の審査基準は「とにかく面白い漫才」であることを指摘したうえで、マヂカルラブリーのネタは「漫才の変化と進化」を示すものだとした（「M－1グランプリを終えて」2020年12月22日付投稿）。

そして、レギュラー出演する『ワイドナショー』（フジテレビ系）で松本人志は、一連の議論に対するコメントを求められ、塙と同じように「漫才の定義は基本的にない」と答えている。定義がまったくないわけではないが、むしろそれは破られるためにある。「定義をあえて設けることで、それを裏切る」のが漫才だというのが、松本の主張だ。M－1におけるマヂカルラブリーも、その意味において漫才である。例えるなら彼らは、野球の試合でいきなり「消える魔球」を投げたのであり、そのことが真剣勝負を期待していた人たちにとっては心外だったのだろう。今回の論争に対する自身の見解を、そのように述べた（2020年12月27日放送）。

上書きされた漫才の歴史

芸人たちのこうした見解が傾聴すべきものであるのは間違いない。それは漫才を生業とする当事者としての、偽らざる実感でもあっただろう。もともと「漫才に定義はない」という主張も間違いだとは言わない。ただ他方で、その主張は漫才の歴史をやや単純化しているようにも思える。

当日、審査員を務めたなかで、他の審査員の見解とは少しニュアンスが違っていたのがオール巨人である。ファイナルラウンドに残った3組のなかで、オール巨人が投票したのは見取り図であった。その理由として、「(マヂカルラブリーのネタも)非常に楽しく見ましたけど、僕は漫才師やから、しゃべりを重点的に見てしまいました」と語っていた。オール巨人は「漫才=しゃべくり漫才」という価値観に忠実であろうとした。だから、それぞれの面白さを認めたうえで、ファイナルラウンドの3組のうちで最もそれに近いスタイルだった見取り図に票を入れたのである。

前にも書いたように、昭和初期のエンタツ・アチャコ以来、2人が言葉の掛け合いでもって笑わせるしゃべくり漫才が、その後ずっと漫才の基本形であった。この土台をなす部分は、ツービートや紳助・竜介らが本音の漫才で革新をもたらした1980年代の漫才ブームによっても変わらなかった。

ただ、その一方で、親しいもの同士による日常会話の形式をとるしゃべくり漫才に対して、何らかの設定を決めて役柄を演じるコント漫才も盛んに演じられてきた。M-1に出場した歴代芸人のなかにも、「ピザのデリバリー」の場面を店員と客に扮して演じたサンドウィッチマンのように、コント漫才によって優勝を勝ち取ったコンビがいたことは、すでに述べた通りだ。

　とはいえ、そうしたコントスタイルの漫才でも、ボケとツッコミによる掛け合いがベースになっていた。それに比べてマヂカルラブリーの場合、掛け合いはほとんどなされない。その象徴が、野田クリスタルの〝無言〟のパフォーマンスである。だからこそ、「あれは漫才なのか」という、漫才の定義そのものを問うような言葉が、人々から発せられたのだろう。その前年である2019年に優勝を果たしたミルクボーイのネタが、きっちりとした掛け合いによるしゃべくり漫才であったことも、いくらかは影響していたかもしれない。

　しかし、ここまで書いてきたように、ボケとツッコミの定型をいかに崩すかということが、もうひとつの漫才の歴史であった。そして、それを最も先鋭的におこなったのが「お笑い第3世代」のダウンタウン、なかでも松本人志だった。例えば、松本が「一人大喜利」をしたとき、そこでなされたのは、ツッコミなしのボケだけで笑いは成立するかという果敢な実験であった。

　松本らのそうした挑戦は、3章でも述べたように、笑い飯やオードリーなど、M－1に出場する多くの漫才師に受け継がれた。だから、M－1審査員を務める松本人志が、「あれは漫才なのか」という疑問に答えて言った「漫才の定義は基本的にない」という言葉は、松本自身の信仰告白でもあった。

そしてそのとき、漫才の歴史は上書きされることになった。伝統的なしゃべくり漫才ではなく、ダウンタウン的な崩す笑いが漫才の新たな歴史的起点となり、漫才は「なんでもあり」の自由なものであることが〝公式見解〟となったのである。そうなれば、マヂカルラブリーの「掛け合いのない漫才」も、漫才の定義を裏切るという点で立派な漫才である。結局、「あれは漫才なのか」論争は、論争の帰趨そのものよりも、そうした歴史の書き換えをもたらした出来事として記憶されるべきものであるように思う。

「お笑いビッグ3」から「お笑い第7世代」へ

「あれは漫才なのか」論争をこのように位置づけるとき、お笑い第7世代が登場した歴史的必然性が改めてよくわかる。

漫才が「なんでもあり」なものになるとすれば、漫才という芸の輪郭そのものが不鮮明なものとなっていく。すると、従来の漫才的な「ボケとツッコミ」のパターンにとらわれない笑いの可能性が広がり出す。「お笑い第7世代」とは、その世代的な表現だったのではないだろうか。

実際、前章でもみたように、霜降り明星のせいやがお笑い第7世代を提唱したとき、そこではユーチューバーやミュージシャンといった、お笑い以外の分野の人々との連携が想定されていた。そしてそれは、すでに現実のものとなり始めている。例えば、ユーチューバー芸人・フワちゃんの大ブレークはその一例だろう。また、EXITが人気ヒップホップユニットのCreepy Nutsとともに冠番組『イグナッツ!!』(テレビ朝日系、2020年放送開始)を始めたのも、その流れにあるものとして位置づけられるだろう。

そうした異分野との交流だけでなく、笑いそのものの質的変化も始まっている。これも前章でみたように、ぺこぱの「ノリツッコまない」笑いのように、これまでの常識には回収されないような笑いが、お笑い第7世代から生まれてきている。少なくともそこでは、「ボケとツッコミ」の構図そのものが相対化され、ボケの独自性が尊重されている。このように、他者の個別性を尊重するところから生まれる「人を傷つけない笑い」を、前章では「相互性の笑い」と呼んだのであった。

もちろん、この相互性の笑いは、その兆しが見え始めた段階にすぎない。お笑い第7世代の今後も、どうなっていくかはわからない。お笑い第7世代と一口に言っても、笑いの方向性はそれぞれに異なる。それだけでなく、メディアが盛り上げた流行のひとつにすぎないという面も確かにあるだろう。

しかし、そうであったとしても、1980年代以降、「笑う社会」と化した日本社会を俯瞰的に見れば、まさに今、この時こそが歴史の転換点であることは間違いない。

1980年代初頭の漫才ブームがもたらした「笑う社会」は、笑いというかたちで既存の価値観を破壊してきた。そして、建前ではない本音の笑い、作り込んだ笑いよりはアドリブの笑い、あるいは過激なパロディによって、そのシンボル的な役割を担ったのが、タモリ、たけし、さんまの「お笑いビッグ3」だった。

ただし、それは社会の土台まで破壊するものではなかった。「お笑いビッグ3」による破壊は、高度経済成長を通じて定着した「一億総中流」意識と不可分の関係をもって発達したテレビを基盤にしたものであり、同質的な社会を前提にしていたからこそ、心おきなく展開できた大掛かりな遊びであった。

1980年代後半から90年代にかけて台頭した「お笑い第3世代」は、「お笑いビッグ3」の破壊精神を受け継ぎつつ、その笑いをいったん解体したうえで新たに構築するような実験を試みた。『ダウンタウンのごっつええ感じ』のような実験的なバラエティ番組がゴールデンタイムで堂々と放送され、人気を博したという事実が、破壊する笑いがこの時代に爛熟していたことを物語る。だが、そこでも、社会の同質性という前提が揺らぐことはなかった。

2000年代の笑いを代表する『M－1グランプリ』には、すでに述べたように二面性があった。漫才という芸を継承しようとする伝統重視の側面と、漫才のさらなる破壊と構築を進めようとする実験的な側面である。この相反するベクトルが拮抗することで、M－1は人々を惹きつける熱気あふれる一大イベントへと成長した。

しかし、いまみてきたような2020年のM－1をめぐる「あれは漫才なのか」論争は、そうした長い時代のサイクルが終焉を迎えつつあることを予感させる。漫才が「なんでもあり」となったとき、「お笑いビッグ3」以来の、笑いをめぐる破壊の歴史は行きつくところまで行ったと言えるのではないか。そしてそれは、同質性を前提にしない笑いをいかに構築するかという、新しい大きなサイクルの始まりでもある。お笑い第7世代とは、そうした歴史的必然性によって登場したものだったのではないか。私にはそう思える。

1980年代を境に確立された「笑う社会」の歴史は、「お笑いビッグ3」から「お笑い第7世代」に至るまで、笑いにおけるさまざまな破壊と構築のサイクルが交錯する歴史であった。さらに言うなら、高度経済成長が可能にした同質的な社会に基づいていたという意味で、「笑う社会」は紛れもなく戦後日本の産物であった。それは、一概に良いとも悪いとも決められない私たちの生きる現実である。そうだとすれば、私たちは当事者としてその行方に責任を持つ必要があるだろう。

あとがき

小さい頃から、テレビが届けてくれる笑いにずっと夢中だった。

ドリフや欽ちゃんもご多分に漏れず好きだったが、特に1980年代の漫才ブーム、そしてタモリ、ビートたけし、明石家さんまの「お笑いビッグ3」のインパクトは大きかった。タモリの怪しい雰囲気のなかにもキラリと輝く知的なセンスに感嘆し、たけしに感化されて「〇〇だよ、バカヤロー」といった口調をなにかといえば真似し、さんまが発散するアイドル顔負けの華やかなオーラに圧倒された。

その出会いは、大げさに言えば、人生観に影響を与えるようなものであった。そしてそれは、私だけでなく、私の同世代の人間の多くにとっても、そうであったように思う。一言で言えば、笑えることがすべてに勝るという価値観が、「お笑いビッグ3」との出会いをきっかけに、私たちのなかに深く根づいていった。

必然的にと言うべきか、社会学者として私が文章を書くようになってからも、笑いやお笑い芸人は中心的なテーマになった。自分で最初に書いた本も、テレビバラエティの変遷についてのものであったし、その後、お笑い芸人の地位の変遷について一冊にまとめたこともあった。

それらの本はどれも歴史記述のスタイルをとっているが、常に私の念頭にあったのは、笑いと社会の関係である。本書も、その点は変わらない。

「お笑いビッグ3」をシンボリックな存在とする1980年代以降の「笑う社会」、すなわち笑いが世界の中心になった社会の変遷を描き出すこと。それが、本書の基本テーマである。漫才ブームから「お笑いビッグ3」の誕生、「お笑い第3世代」であるダウンタウンの台頭、そして『M-1グランプリ』の隆盛……。笑いの歴史をこうしてたどり直すなかに、私のこの問題意識を感じ取っていただければありがたく思う。

しかし本書には、私がこれまで笑いについて書いてきたものとは、かなり異なる部分もある。

これまで私は、「お笑いビッグ3」について書くにしても、私たちの社会とのあいだに彼らが作り上げてきた関係性が、いかに密接で強固なものであるかを述べることが多かった。それは先ほど述べたように、私自身が生きてきた現実でもあったがゆえに、それがずっと続くものと信じてしまっていた面があった。

しかし最近になって、笑いと社会の関係が変わろうとしているのではないか、「お笑いビッグ3」が象徴するひとつの時代が変わり目を迎えようとしているのではないか、という感覚を抱くようになった。

直接のきっかけは、ここ数年のあいだで、見ない日はないと言っていいくらいになった「お笑い第7世代」の存在である。

そこには確かにブーム的側面もあるだろうし、それぞれの芸風も一様ではない。だが私には、もっと深いところでの笑いと社会の関係性の変化が、そこに表れているように思われた。そしてそこに生まれる新しい笑いを、本書では「相互性の笑い」と名づけた。それは、社会のなかに存在する他者とのさまざまなギャップを認めたうえで、その違いを互いに肯定するなかから生み出されるような笑いのことである。

先日、NHKの報道番組『ニュースウオッチ9』のなかで、「お笑い第7世代」であるEXITのメンバー・りんたろー。と、政府の新型コロナウイルス感染症対策分科会の会長として知られる尾身茂による異色の対談があった（2021年5月28日放送）。そのなかで、若い世代にメッセージが届かないと悩む尾身に対し、介護施設で働いていた経験もあるりんたろー。は、世代間のギャップを否定し合うのではなく、それを認め合ってなお重なる部分を見出していく「歩み寄り」の必要性を強調していた。

「相互性の笑い」とは、例えばそういうところから生まれてくるものだろう。それは、「一億総中流」意識のような一体感を前提にして成立するような、これまでの「同質性の笑い」とは本質的に違っている。「同質性の笑い」から「相互性の笑い」へ。私には、いま、笑いが大きな過渡期を迎えつつあるように見える。本書が、これまでの「笑う社会」の変遷を明らかにするとともに、これからの笑いと社会のありかたについて、なんらかの示唆を与えるものになり得ているならば、著者としてそれに勝る喜びはない。

本書が完成するまでに、多くの方の世話になった。なかでも編集を担当してくださった筑摩書房の石島裕之さんには、いつもながらの的確なサポートで助けていただいた。この場を借りて、心から感謝を申し上げたい。

2021年6月

太田省一

参考文献一覧

※書籍については著者名および編者名、他については誌名、紙名、書名、サイト名の五十音順

書籍

明石家さんま『こんな男でよかったら』ニッポン放送出版、1984年。

赤塚不二夫『赤塚不二夫対談集 これでいいのだ。』MF文庫ダ・ヴィンチ、2008年。

東浩紀『動物化するポストモダン　オタクから見た日本社会』講談社現代新書、2001年。

五木寛之『風に吹かれて』角川文庫、1994年。

伊藤愛子『ダウンタウンの理由。』集英社、1997年。

井上雅義『幸せだったかな　ビートたけし伝』白夜書房、2007年。

NPO法人放送批評懇談会『放送批評の50年』学文社、2013年。

オールナイトニッポン&高田文夫編『ビートたけしの幸せ丸十年』ニッポン放送出版、1990年。

片田直久『タモリ伝　森田一義も知らない「何者にもなりたくなかった男」タモリの実像』コア新書、2014年。

桂三枝『桂三枝という生き方』ぴあ、2005年。

上岡龍太郎『上岡龍太郎かく語りき　私の上方芸能史』ちくま文庫、1997年。

北野武『余生』ソフトバンク文庫、2008年。

北野武『物語』ロッキング・オン、2012年。

小林信彦『現代〈死語〉ノートII　1977〜1999』岩波新書、2000年。

近藤正高『タモリと戦後ニッポン』講談社現代新書、2015年。

澤田隆治編著『漫才ブームメモリアル』レオ企画、1982年。

澤田隆治『笑いをつくる 上方芸能笑いの放送史』NHKライブラリー、2002年。

サンドウィッチマン『復活力』幻冬舎文庫、2018年。

島田紳助『自己プロデュース力』ヨシモトブックス、2009年。

島田紳助・松本人志『松紳』ワニブックス、2004年。

白武ときお『YouTube放送作家　お笑い第7世代の仕掛け術』扶桑社、2020年。

菅賢治『菅ちゃんの笑ったもん勝ち　下　番組制作編『ダウンタウンのガキの使いやあらへんで!!』『恋のから騒ぎ』『発明将軍ダウンタウン』………本番より面白い舞台裏』ごま書房、1996年。

高田文夫編『江戸前で笑いたい　志ん生からビートたけしへ』筑摩書房、1997年。

高平哲郎『ぼくたちの七〇年代』晶文社、2004年。

――『今夜は最高な日々』新潮社、2010年。

竹内洋『教養主義の没落　変わりゆくエリート学生文化』中公新書、2003年。

タモリ『タモリのTOKYO坂道美学入門』講談社、2004年。

常松裕明『笑う奴ほどよく眠る　吉本興業社長・大﨑洋物語』幻冬舎、2013年。

坪内祐三『昭和の子供だ君たちも』新潮社、2014年。

戸部田誠『タモリ学　タモリにとって「タモリ」とは何か?』イースト・プレス、２０１４年。

中邨秀雄『笑いに賭けろ！　私の履歴書』日本経済新聞出版、２００３年。

難波利三『小説　吉本興業』文春文庫、１９９１年。

塙宣之『言い訳　関東芸人はなぜＭ－１で勝てないのか』集英社新書、２０１９年。

濵田雅功『がんさく』ワニブックス、１９９７年。

浜田雅功『読め！』光文社文庫、１９９７年。

平井玄『愛と憎しみの新宿－半径一キロの日本近代史』ちくま新書、２０１０年。

ビートたけし『浅草キッド』新潮文庫、１９９２年。

――『たけしくん、ハイ！』新潮文庫、１９９５年。

――『真説「たけし！」　オレの毒ガス半生記』講談社＋α文庫、１９９９年。

――『愛でもくらえ』祥伝社黄金文庫、２００１年。

――『菊次郎とさき』新潮文庫、２００１年。

――『悪口の技術』新潮文庫、２００５年。

堀江誠二『吉本興業の研究』朝日文庫、１９９４年。

松本人志『「松本」の「遺書」』朝日文庫、１９９７年。

めちゃイケpM8編集プロジェクト編『めちゃイケ大百科事典　エンサイクロペディア』フジテレビ出版、２００１年。

山下洋輔『へらさけ犯科帳』晶文社、１９９８年。

横澤彪『犬も歩けばプロデューサー　私的なメディア進化論』ＮＨＫ出版、１９９４年。

読売新聞大阪本社文化部編『上方放送お笑い史』読売新聞社、１９９９年。

ラリー遠田『Ｍ－１戦国史』メディアファクトリー新書、２０１０年。

雑誌

『Quick Japan』vol.41（２００２年2月）、太田出版。

――――vol.51（２００３年11月）、太田出版。

――――vol.145（２０１９年8月）、太田出版。

『広告批評』81号（１９８６年3月）、マドラ出版。

『宝島』１９８６年11月号、宝島社。

『TV Bros.』２０１４年3月15日号、東京ニュース通信社。

『本人』11号（２００９年9月）、太田出版。

新聞

『スポーツニッポン』２００９年10月17日付記事
――――２０１４年12月9日付記事
『スポーツ報知』２００９年3月31日付記事

ムック
『M－1完全読本 2001－2010』ヨシモトブックス、2011年。
『コマネチ！ ビートたけし全記録』（新潮45別冊）新潮社、1998年。
『中上健次 没後10年』（文藝別冊）河出書房新社、2002年。
『80年代テレビバラエティ黄金伝説』（洋泉社MOOK）洋泉社、2013年。

インターネット
『ITmedia NEWS』2012年7月30日付記事。
『ITmedia NEWS』2019年12月24日付記事。
Wikipedia「北野大」の項。
『ORICON NEWS』2019年1月30日付記事。
『お笑いナタリー』2019年1月30日付記事。
『Smart FLASH』2018年4月1日付記事。
『ほぼ日刊イトイ新聞』「タモリ先生の午後。2008」。
『よしもとニュースセンター』2019年1月30日付記事。

ちくま新書
1586

すべてはタモリ、たけし、さんまから始《はじ》まった

二〇二一年七月一〇日　第一刷発行

著　者　太田省一（おおた・しょういち）
発行者　喜入冬子
発行所　株式会社　筑摩書房
東京都台東区蔵前二-五-三　郵便番号一一一-八七五五
電話番号〇三-五六八七-二六〇一（代表）
装幀者　間村俊一
印刷・製本　三松堂印刷　株式会社

ISBN978-4-480-07413-3 C0276

ちくま新書

987
前田敦子はキリストを超えた
——〈宗教〉としてのＡＫＢ48
濱野智史
ＡＫＢ48の魅力とはなにか？　前田敦子は、なぜあれほど「推された」のか？　劇場・握手会・総選挙……。その宗教的システムから、ＡＫＢ48の真実を明かす！

1035
大衆めし　激動の戦後史
——「いいモノ」食ってりゃ幸せか？
遠藤哲夫
「ありふれたものをおいしく食べる」。七〇年代以降、資本流入や流通の変化による「食」の激動の中で、自分の「めし」をハンドリングするための、生活めし論考。

1038
１９９５年
速水健朗
１９９５年に、何が終わり、何が始まったのか。大震災とオウム事件の起きた「時代の転機」を読みとき、その全貌を描く現代史！　現代日本は、ここから始まる。

1078
日本劣化論
笠井潔
白井聡
幼稚化した保守、アメリカと天皇、反知性主義の台頭、左右の迷走、日中衝突の末路……。戦後日本は一体どこまで堕ちていくのか？　安易な議論に与せず徹底討論。

1091
もじれる社会
——戦後日本型循環モデルを超えて
本田由紀
もじれる＝もつれ＋こじれ。行き詰まり、悶々とした状況にある日本社会の見取図を描き直し、教育・仕事・家族の各領域が抱える問題を分析、解決策を考える。

1120
ルポ　居所不明児童
——消えた子どもたち
石川結貴
貧困、虐待、家庭崩壊などが原因で、少なくはない子どもたちの所在が不明になっている。この国で社会問題化しつつある「消えた子ども」を追う驚愕のレポート。

1168
「反戦・脱原発リベラル」はなぜ敗北するのか
浅羽通明
楽しくてかっこよく、一〇万人以上を集めたデモ。だが原発は再稼働し安保関連法も成立。なぜ勝てないのか？　勝ちたいリベラルのための真にラディカルな論争書！

ちくま新書

1205 社会学講義　橋爪大三郎／佐藤郁哉／吉見俊哉／大澤真幸

社会学とはどういう学問なのか？　基本的な視点から説き起こし、テーマの見つけ方・深め方、フィールドワークの手法までを講義形式で丁寧に解説。入門書の決定版。

1235 これが答えだ！　少子化問題　赤川学

長年にわたり巨額の税金を投入しても一向に改善しない少子化問題。一体それはなぜか。少子化対策をめぐるパラドクスを明らかにし、この問題に決着をつける！

1253 ドキュメント　日本会議　藤生明

国内最大の右派・保守運動と言われる「日本会議」。改憲勢力の枢要な位置を占め、国政にも関与してきた。謎めいたこの組織を徹底取材、その実像に鋭く迫る！

1265 僕らの社会主義　國分功一郎／山崎亮

いま再びグランド・セオリーが必要とされているのではないか？　マルクス主義とは別の「あったかもしれない社会主義」の可能性について気鋭の論客が語り尽くす。

1288 これからの日本、これからの教育　前川喜平／寺脇研

二人の元文部官僚が「加計学園」問題を再検証し、生涯学習やゆとり教育、高校無償化、夜間中学など一連の改革をめぐってとことん語り合う、希望の書！

1384 思いつきで世界は進む　――「遠い地平、低い視点」で考えた50のこと　橋本治

「あんな時代もあったね」とでは済まされない怒濤の展開。日本も世界も「思いつき」で進んではいないか？　アナ雪からトランプまで、橋本治、最後の時代診断。

1422 教育格差　――階層・地域・学歴　松岡亮二

親の学歴や居住地域など「生まれ」によって、子どもの学歴・未来は大きく変わる。本書は、就学前から高校まで教育格差を緻密に検証し、採るべき対策を提案する。

922
ミシェル・フーコー
——近代を裏から読む
重田園江
社会の隅々にまで浸透した「権力」の成り立ちを問い、常識的なものの見方に根底から揺さぶりをかけるフーコー。その思想の魅力と強靭さをとらえる革命的入門書！

1165
プラグマティズム入門
伊藤邦武
これからの世界を動かす思想として、いま最も注目されるプラグマティズム。アメリカにおけるその誕生から最新の研究動向まで、全貌を明らかにする入門書決定版。

1281
死刑　その哲学的考察
萱野稔人
死刑の存否をめぐり、鋭く意見が対立している。「結論ありき」でなく、死刑それ自体を深く考察することで、これまでの論争を根底から刷新する、究極の死刑論！

578
「かわいい」論
四方田犬彦
キティちゃん、ポケモン、セーラームーン——。日本製のキャラクター商品はなぜ世界中で愛されるのか？「かわいい」の構造を美学的に分析する初めての試み。

1039
社会契約論
——ホッブズ、ヒューム、ルソー、ロールズ
重田園江
この社会の起源には何があったのか。ホッブズ、ヒューム、ルソー、ロールズの議論を精密かつ大胆に読みなおし、近代の中心的思想を今に蘇らせる清冽な入門書！

1182
カール・マルクス
——「資本主義」と闘った社会思想家
佐々木隆治
カール・マルクスの理論は、今なお社会変革の最強の武器であり続けている。最新の文献研究からマルクスの実像に迫ることで、その思想の核心を明らかにする。

1259
現代思想の名著30
仲正昌樹
近代的思考の限界を超えようとした現代思想。難解なものが多いそれらの名著を一気に30冊解説する。知っているつもりになっていたあの概念の奥深さにふれる。

ちくま新書

1409
不道徳的倫理学講義
――人生にとって運とは何か
古田徹也
私たちの人生を大きく左右するにもかかわらず、倫理学では無視されがちな「運」をめぐる是非。それらの議論を古代から現代までたどり、人間の生の在り方を探る。

702
ヤクザと日本
――近代の無頼
宮崎学
下層社会の人々が生きんがために集まり生じた近代ヤクザ。格差と貧困が社会に亀裂を走らせているいま、ヤクザの歴史が教えるものとは？

1002
理想だらけの戦時下日本
井上寿一
格差・右傾化・政治不信……戦時下の社会は現代に重なる。その時、日本人は何を考え、何を望んでいたのか？体制側と国民側、両面織り交ぜながら真実を描く。

1184
昭和史
古川隆久
日本はなぜ戦争に突き進んだのか。私たちは、何を失い、何を手にしたのか。開戦から敗戦、復興、そして高度成長へと至る激動の64年間を、第一人者が一望する決定版！

1194
昭和史講義2
――専門研究者が見る戦争への道
筒井清忠編
なぜ戦前の日本は破綻への道を歩んだのか。その原因をより深く究明すべく、二十名の研究者が最新研究の成果を結集する。好評を博した昭和史講義シリーズ第二弾。

1266
昭和史講義3
――リーダーを通して見る戦争への道
筒井清忠編
昭和のリーダーたちの決断はなぜ戦争へと結びついたのか。近衛文麿、東条英機ら政治家・軍人のキーパーソン15名の生い立ちと行動を、最新研究によって跡づける。

1308
オリンピックと万博
――巨大イベントのデザイン史
暮沢剛巳
二〇二〇年東京五輪のメインスタジアムやエンブレムのコンペをめぐる混乱。巨大国家イベントの開催意義とは何なのか？　戦後日本のデザイン戦略から探る。

ちくま新書

1022
現代オカルトの根源
――霊性進化論の光と闇
大田俊寛
多様な奇想を展開する、現代オカルト。その根源には「霊性の進化」をめざす思想があった。19世紀の神智学から、オウム真理教・幸福の科学に至る系譜をたどる。

1145
ほんとうの法華経
橋爪大三郎
植木雅俊
仏教最高の教典・法華経が、サンスクリット原典から全面改訳された。植木雅俊によるその画期的な翻訳の秘密に橋爪大三郎が迫り、ブッダ本来の教えを解き明かす。

1237
天災と日本人
――地震・洪水・噴火の民俗学
畑中章宏
地震、津波、洪水、噴火……日本人は、天災を生き抜く知恵を、風習や伝承、記念碑等で受け継いできた。各地の災害の記憶をたずね、日本人と天災の関係を探る。

1291
日本の人類学
山極寿一
尾本恵市
人類はどこから来たのか？ ヒトはなぜユニークなのか？ 東大の分子人類学と京大の霊長類学を代表する二大巨頭が、日本の人類学の歩みと未来を語り尽くす。

1326
仏教論争
――「縁起」から本質を問う
宮崎哲弥
和辻哲郎や三枝充悳など、名だたる知識人、仏教学者が繰り広げた、縁起をめぐる戦前・戦後の論争。犀利な分析を通して、その根本を浮かび上がらせた渾身作！

1523
ウンコはどこから来て、どこへ行くのか
――人糞地理学ことはじめ
湯澤規子
水に流せば、それでおしまい？ 過去には農業の肥料として重宝されたり、反対に伝染病の元として忌避されたりしたウンコ。忘却させられたその歴史をたどる。

399
教えることの復権
大村はま
苅谷剛彦・夏子
詰め込みかゆとり教育か。今再びこの国の教育が揺れている。教室と授業に賭けた一教師の息の長い仕事を通して、もう一度正面から「教えること」を考え直す。

ちくま新書

1354
国語教育の危機
――大学入学共通テストと新学習指導要領
紅野謙介
二〇二一年より導入される大学入学共通テスト。高校国語教科書の編集に携わってきた著者が、そのプレテスト問題を分析し、看過できない内容にメスを入れる。

1386
大学の未来地図
――「知識集約型社会」を創る
五神真
高等教育機関たる大学は知の集積拠点である。価値創造の上でも力を発揮する大学は、日本の未来にとっても重要な役割を果たす。その可能性を説く新時代の大学論！

1451
大学改革の迷走
佐藤郁哉
シラバス、PDCA、KPI……。大学改革にまつわる政策は理不尽、理解不能なものばかり。なぜそういった改革案が続くのか？　その複雑な構造をひもとく。

294
デモクラシーの論じ方
――論争の政治
杉田敦
民主主義、民主的な政治とは何なのか。あまりに基本的と思える問題について、一から考え、デモクラシーにおける対立点や問題点を明らかにする、対話形式の試み。

465
憲法と平和を問いなおす
長谷部恭男
情緒論に陥りがちな改憲論議と冷静に向きあうには、そもそも何のための憲法かを問う視点が欠かせない。この国のかたちを決する大問題を考え抜く手がかりを示す。

655
政治学の名著30
佐々木毅
古代から現代まで、著者がその政治観を形成する上でたえず傍らにあった名著の数々。選ばれた30冊は混迷を深める時代にこそますます重みを持ち、輝きを放つ。

1005
現代日本の政策体系
――政策の模倣から創造へ
飯尾潤
財政赤字や少子高齢化、地域間格差といった、わが国の喫緊の課題を取り上げ、改革プログラムのための思考を展開。日本の未来を憂える、すべての有権者必読の書。